부^富의 그릇을 키워라

부자들은 아는 부동산 투자철학

부富 의 그릇을 키워라

부자들은 아는 부동산 투자철학

부동산학 박사 김영식 지음

이코노믹북스

빠찡코 프로에서
부동산 프로가 되기까지

1989년 겨울 어느 날이었다. 신주쿠 니시와세다에 있는 라이온즈맨션 704호, 같이 살던 친구들은 방학이라 한국에 나가고 혼자 남아 있었다. 그날은 내심 배달될 물건을 흥분된 마음으로 기다리고 있던 날이었다. 택배로 배달된 물건은 생각보다 굉장히 컸다. 두 팔로 안아도 양손이 닿지도 않을뿐더러 높이도 내 키만큼이나 되어 나보다 훨씬 덩치가 커 보였다. 거실 천정의 조명에도 닿을 듯했던 그날 도착한 '페가수스'의 택배 박스 포장을 벗기던 때의 흥분된 기분을 지금도 잊지 못한다. 늘 큰 홀에서 4~50대가 죽 줄지어진 모습만 마주하던 페가수스 기계를 집에서 이렇게 1대1로 대면하다니! 대~~박, 완전 흥분의 도가니였다. 아, 잊을 수 없는 이름 페가수스! 훗날 한국에 돌아와 SNS 닉네임도 '페가수스' 또는 '페가' 아니면 '수스'로 했을 정도로 나에겐 정말 각별했던 이름, 그때는 몰랐지만 지금 생각하면 내 인생의 터닝 포인트가 되었던 바로 그 이름이다.

일본에 처음 와서 접하게 된 빠찡코 가게의 밝고 넓은 홀은 정말 별천지였다. 빠찡코 가게는 남녀노소 다 즐기는 국민오락실이었다. 놀다 끝나면 현금으로 환전하는 것보다 더 싸게 바꾸어 갈 수 있는 생활필수품은 또 얼마나 많은지. 훗날 담배장사를 하게 된 계기도 되었지만 담배는 반값이었다. 그런데 아무리 재미있다고 매일 돈을 잃으면서 즐길 수는 없는 가난한 유학생이라 어떻게 하면 돈을 딸 수 있을지 고민을 하기 시작했다. 그러나 주변에 물어봐도 돌아오는 답은 따져 보면 전부 근거 없는 소신이었다. 결국 자기만의 생각이나 감정으로 판단하는 그 이상도 이하도 아니었다. 잃어도 상관없는 돈으로 한다면 모를까 나는 그럴 수는 없는 입장이었으므로 궁여지책으로 빠찡코 잡지를 사서 열심히 읽기 시작했다. 아, 전문잡지를 보니 기계 프로그램을 분석한 내용, 777이 나오기 전의 전조현상 같은 내용이 있었다. 또 빠찌프로를 키우는 학원 홍보, 프로들의 성공수기 같은 것이 실려 있어 프로들의 생활을 알게 되었고 중고기계를 파는 곳도 있다는 것을 알게 되었다.

중고 페가수스 한 대의 가격은 당시 돈 3만 엔이었다. 내가 일본에 와서 처음 살았던 도쿄東京 북구北區 아까바네赤羽 6조 1DK 아파트 다다미 방, 한국으로 말하면 원룸 같은 미투 월세가 3만3천 엔 정도였고, 자전거 한 대의 값이 3만 엔 정도였다고 기억을 한다. 지금 생각하면 그 낯선 곳에서 어떻게 중고기계를 사서 연구하려고 했는지 입가에 웃음이 배어나오는 일이지만 당시에는 절실했다. 당시 나는 벌었다가 다시 잃는 시행착오를 수없이 겪고 난 뒤 나름 원칙을 세워 빠찡코를 하는 것이 승률이 그나마 높다는 것을 자각하고 시행하고 있던 중이었다. 다른 사람들처럼 기계 앞에 막연하게 나오기만을 기다리며 앉아 있는 것은 아니었기 때문에 돈을 계속 잃지는 않았지만 그래도 더 승률을 높이고 싶었다. 그때 나는 야간에 알바를 했지만 빠찡코로 돈을 잃어 일본에서 아주 쌌던 바나나로 배를 채우기도 하고, 가끔 마트 시식 코너를 일부러 돌아야 될 정도로 생활비가 절실했기 때문에 조금 승률이 나은 정도가 아니라 확실히 남다르게 해야 했다. 그래서 그런 절실한 마음으로 빠찌프로가 되어야 한다는 각오에 의해 거금 3만 엔을 지불하여 그날 드디어 페가수스가 내 앞에 배달된 것이었다. 내가 흥분을 감추지 못하고 기다렸던 페가수스는 매일 다니는 가게의 슬롯머신 이름 중 하나였다. 일본은 당시 빠찡코 프로를 가르치는 학원도 있다는 것을 잡지를 통해 알았지만 학원에 다니기는 부끄럽고 시간도 안 맞아서 우연히 알게 된 페가수스 중고기계를 주문한 것이다.

　페가수스가 배달된 그날 밤부터 전원을 연결하자 소리도 요란하고 번쩍번쩍하는 기계를 어쩔 줄 몰라 이불을 둘러씌우며 흥분된 마음으로 프로그램을 내 손으로 직접 입력하고 게임을 해보기 시작했다. 모든 프로그램의 패턴을 실험하는 것은 시간이 너무 많이 걸리는 일이라 1주일 정도를 밤낮 없이 가장 좋은 프로그램 6에 대해서만 패턴을 실험해 보았다. A4용지 한 장짜리 사용설명서를 보고 프로그램이 6가지인 것을 알았고, 그 중 6번째 제일 좋은 프로그램을 입력하면 777이 나올 때까지는 코인을 250개 이상 절대 먹지 않는다는 것도 알게 되었다. 이 말은 한 번 777이 터지면 대략 350개의 코인이 나오게 되어 있으니까 다음 777이 나올 때까지 최대 250개 밖에 먹지 않는다는 말이므로 게임을 계속하면 코인이 쌓여갈 수밖에 없다는 결론이다. 다른 1이나 2 같은 나쁜 프로그램은 777이 나올 때까지 최대 코인이 1,600개가 필요했다. 코인 1,600개는 돈으로 32,000엔이니 최악의 경우 777이 한 번 나오고 다시 나올 때까지 또 1,600개를 먹으면 결국 돈 64,000엔을 넣어서 777이 2회 나온 꼴이니 60,000엔 정도를 잃게 된다는 말이다. 이 경우 시간은 5~6시간, 운이 나쁘면 이 짧은 시간에 두 달치 집세를 날리는 셈이었다. 대부분의 사람들은 이런 자리에 오래 앉아 안 나오면 그저 씩씩거렸던 것이다. 기계를 기계가 아닌 마치 자기감정과 같이 생각했던 탓이다.

1주일간의 연구를 마치고 난 뒤 다시 신주쿠 신오오꾸보에 있는 빠찡코 가게에 나갈 때의 상쾌함이란 이루 말할 수 없었다. 아무도 모르는 것을 나 혼자만 알고 있다는 뿌듯함으로 어깨에 잔뜩 힘이 들어갔다. 가게에서는 저절로 미소가 터져 나왔고 평소와는 다르게 다른 사람들이 하는 모습을 여유 있게 관찰했다. 그때부터 나의 타깃은 분명했다. 그 가게 50대 정도의 페가수스 중에 내가 실험한 좋은 프로그램 6이 들어간 기계 딱 한 대를 찾는 것이었다. 6인지 아닌지 실험하는데도 직접 하면 시간과 비용이 드니 다른 사람이 하고 있는 것 중 자주 777이 터지는 기계를 유심히 지켜보는 일이 내가 주로 관찰하는 일이었다. 그냥 비어 있는 아무 기계에 앉아 게임을 시작하며 운이 좋기를 막연하게 기대했던, 프로그램 내용을 전혀 모를 때와는 달리 완전히 게임에 임하는 자세가 달라졌다. 어떤 사람이 여러 번 한꺼번에 터지면 기분 좋아 어쩔 줄 몰라 그만두거나, 약속이 있어 빨리 일어나거나 하면 잽싸게 그 자리에 우선 앉는다. 그리고 천천히 250개 5천 엔 어치 코인을 빨리 넣어보고 777이 터지는지 보는 것이 바로 프로그램 6인지 아닌지 확인하는 작업이다. 그만두는 사람이 마지막 777이 나오고 최소한 코인 50~100개 정도는 넣어보고 안 나오면 일어나기 때문에 나는 사실 3천 엔 어치 정도로만 확인하면 된다. 그것으로 777이 나오지 않는다면 6이 아닌 게 분명했다. 자연스럽게 한 기계에 3천 엔 이상 쓰지 않는 아주 단순하고 간결한 원칙이 생긴 셈이다. 이런 방법으로 테스트하다가 프로그램 6이 들어간 기계를 만나면 그때부터 그 프로그램이 바뀔 때까지 계속 앉아서 게임을 했다. 다음 날도, 그 다음 날도, 그 자리를 선점하는 것이 일인 셈이다. 최장 21일 동안 한 자리에 앉아 게임한 적이 있다. 프로그램 6인 기계에서 하루 종일 게임하면 9~12만 엔 정도를 번다. 지금 한국 돈으로 대략 100만 원 정도니까 21일이면 2천만 원이 넘는 큰돈이다.

어느 날, 계속 잘 나오던 기계가 어느 순간 코인 250개를 먹어도 777이 터지지 않는다. 그럼 프로그램이 바뀐 것을 알고 그만두고 일어나 다음 날부터 또 다른 프로그램 6이 들어간 기계를 찾는다. 이런 방식으로만 하면 돈을 잃을 수가 없다. 아무것도 모르고 자기 경험에만 의존해서 자기가 아는 것이 전부인 줄 아는 이런 대책 없는 무지無知가 도박에는 치명적인 결함이라는 것을 깨닫게 되었다.

대부분의 빠찡코 가게는 직급이 제법 높은 직원이 프로그램을 입력하는데 딱 한 대 내지 두 대만 넣는 프로그램 6을 귀신처럼 찾아 앉으니 그 직원의 눈에는 내가 어떤 사람이라는 것이 눈에 보이는 것이다. 그러면 어느 날 그 직원이 나를 잠시 불러서는 가게에 붙은 팻말을 가르치며 말한다. 가르치는 팻말에 붙어 있는 내용은 '본 업소에서는 빠찌프로의 출입을 금지합니다'라는 내용이다. 그 직원은 양 검지손가락으로 ×표를 만들어 보이고는 "알겠습니까. 죄송하지만 내일부터 우리 가게에 오지 마세요." 라고 말한다. 그러면 나는 페가수스를 찾아 다른 가게로 가게 된다. 기계 유행이 워낙 빨리 바뀌기 때문에 페가수스는 그로부터 2년도 되지 않아 대부분의 가게에서 사라졌다.

나의 이 빠찡코 경험이 투자에도 잘 적용될 줄 사실 당시에는 전혀 몰랐다. 한국에 들어와서 부동산을 하며 일본의 빠찡코와 같은 성인오락실을 혹시나 일본처럼 발전할까봐 선점 차원에서 몇 곳 운영한 적이 있었다. 오락실을 운영하며 많은 고객들이 게임하는 습관을 지켜보고, 그때 일본에서 하던 사람들을 떠올리고, 또 내가 경험한 성공하는 부동산투자법을 생각해보니 묘하게 방법이 서로 일치한다는 것을 깨달게 되었다. 나는 일본에서 돈을 벌어야만 하는 그런 게임만 했기 때문에 한번도 마음 편하게 게임을 즐겨본 적이 없었다. 그래서 한국에서 오락실을 운영할 때 다른 가게에 가서 돈을 잃더라도 편안하게 즐기는 마음으로 하고 싶은 적이 많았다. 당시 나는 생활에 여유가 좀 있어서 얼마든지 그럴 수 있는 상황이었다. 그런데 실제로 그런 마음으로 게임을 해 보니 언제 나올지도 모르고 막연하게 기다린다는 것은 금방 싫증이 나서 오랜 시간 도저히 앉아 있을 수가 없었다. 그래서 느꼈다. 게임이든 도박이든 투자든 원칙과 습관이 그만큼 무서운 것이고 몸에 배인 원칙과 습관은 버리고 싶어도 버려지지 않는다는 것을 그때 깨달았다.

그렇다. 그저 막연하게 원한다고 우리들의 꿈은 이루어지지 않는다. 성공하고 싶으면, 돈을 벌고 싶다면, 정말 남다른 생각과 남다른 행동, 남다른 습관을 가져야 한다. 보통사람들이 갖고 있는 평범한 생각과 습관으로는 여러분들이 원하는 부를 이룰 수 없다. 내가 아는 것이 전부가 아니고, 내가 보고 듣는 것이 전부가 아님을 알고, 다른 사람이 혀를 내두르고 고개를 절레절레 흔들 정도로 정말 남다른 노력을 기울여야 한다. 모르면 원칙이 없고, 원칙이 없으면 감정에 휘둘리고,

게임은 물론 투자는 감정이 개입되는 것이 가장 위험하다. 나는 이런 감정을 개입시키지 않는 좋은 습관과 철학들을 부끄럽지만 30여 년 전 잃으면 안 되는 도박인 빠찡코를 하면서 몸에 배이도록 터득했다.

보통사람들은 부동산투자가 돈이면 다 되는 줄 알고, 돈만 있으면 바로 돈이 되는 자리나 돈이 되는 부동산에만 많은 관심을 가지고 가르쳐달라고 한다. 그러나 내 경험으로 장담하건데 가르쳐주어도 투자철학이 갖추어져 있지 않으면 살 수 없다. 왜냐하면 결국 마지막엔 스스로 결정해야 하기 때문이다. 그러므로 나와 특별한 관계가 아님에도 불구하고 돈이 되는 장소나 소개하는 그런 강의나 책은 대부분 다른 목적을 갖고 있다고 생각하면 틀리지 않다.

이 책을 읽는 여러분이 가장 중요하게 다루어야 하는 것은 조금 긴 호흡으로 보고 제일 먼저 돈의 원리와 경제를 이해하고, 지식과 기술은 물론 자기만의 원칙과 투자지혜, 투자에 대한 철학까지 종합적으로 갖추어야 부동산투자가 전체적으로 눈에 들어온다는 것을 인식해야 한다. 자본주의에서 자본, 화폐, 돈의 원리와 철학은 우리 삶과 모든 투자에도 똑같이 연결되고 관통된다. 그러므로 돈에 대한 지성을 바탕으로 한 성공 투자철학을 갖춘 투자자가 내가 궁극적으로 이 책을 통해 목표로 하는 사람이다. 필자도 이번 집필에 욕심을 최대한 자제하고 우선적으로 첫 작품을 세상에 내보내기로 했다. 그런 의미에서 첫 책에서 다 싣지 못한 내용들은 계속 시리즈로 출판하여 내 생각에 공감하고 투자지혜와 투자철학에 목마른 사람들의 갈증을 앞으로도 계속 해소해 줄 수 있게 되기를 필자도 진심으로 바란다. 한 가지 더 바란다면 이 투자철학을 잘 이해하여 개인적인 성공과 자유와 행복을 성취하는데 만족하지 않고 다른 한 사람에게라도 좋은 영향을 끼칠 수 있도록 하는 것에도 이 책이 일조했으면 한다. 졸필이지만 이 책이 나오도록 도움주신 많은 분들과 지금 이 책을 읽는 여러분에게 진심으로 감사를 드린다.

2018년 5월, 양정 Sun Hill에서

김 영식

학력시대에서 돈의 지성시대로!
돈에 대한 철학으로 무장하라

chapter 2 김박사의 톡톡 튀는 부동산 투자철학

chapter 3 부는 사람으로부터 나온다

chapter 4 부자들은 아는 부동산 투자철학

학력시대에서
돈의 지성시대로!

돈에 대한
철학으로 무장하라

경제위기는 늘 돈,
즉 금융의 타락에서 시작됐다

자본주의의 경제위기, 부동산 또는 주식의 폭등, 폭락의 원인은 부동산이나 주식 그 자체의 문제가 아니다. 위기의 원인은 늘 인간의 돈에 대한 지나친 탐욕이 밑바닥에 흐르고 있었기 때문이다. 그러므로 국가나 개인의 경제도 돈을 잘 다루지 못해서 위기가 오는 것이지 부동산이나 주식가격의 상승이나 하락은 자본주의 경제시스템상 당연한 현상의 하나에 불과하다. 우리는 우선 경제 또는 경제위기라는 시스템을 생각할 때 이 사실을 먼저 인식하는 것이 매우 중요하다. 원인을 제대로 알아야 푸는 방법도 제대로 찾을 것이 아니겠는가. 전 세계적으로 경제충격을 주었던 2008년 미국 서브프라임 모기지sub prime mortgage 사태는 비우량 주택담보대출이 문제가 되었다. 그런데 주택담보대출이 문제가 되었다고 하니까 부동산의 문제로 경제위기가 왔다고 생각하기 쉬운데 전혀 그렇지 않다. 서브프라임 모기지 사태를 미국 금융위기라고 말하듯이 바로 금융의 타락이 원인이었다. 조금 더 쉽게 말하면 미국의 주택담보대출인 모기지는 부유하고 직업이 확실하거나 소득이 높아 신용이 좋은 사람의 대출은 프라임 모기지라고 하고, 가난하고 직업이 불확실하고 소득이 적어 신용이 낮은 사람들의 대출은 서브프라임 모기지라고 부른다. 그래서 서브프라임 모기지는 프라임 모기지에 비해서 금리가 훨씬 높다.

그런데 부동산경기가 좋았을 당시 미국의 투자은행들이 프라임 모기지 대출만 해준 것이 아니라 신용이 낮은 서브프라임 모기지도 엄청나게 공격적으로 대출을 해주었다. 왜냐하면 투자회사나 은행들은 이 대출채권을 증권화시켜 다시 팔아서 돈을 회수할 수 있었기 때문이다. 그런데 이 증권화시킨 대출채권이 단순하지가 않고 여러 상품을 묶거나 끼어 파는 방법으로 MBS, ABS, CDO 등 아주 복잡한 증권 상품으로 만들어 팔았다. 우리나라 은행은 주택담보대출을 할 때 LTV를 70%도 많다고 60%로 내렸고 그것도 많다고 최근 9.13부동산대책에서 더 낮추고 다주택자에게는 더욱 엄격하게 적용했다. 그런데 당시 미국에서는, 물론 부동산가격이 계속 올랐기 때문에도 그랬겠지만 은행에선

LTV 100%에 가깝게, 심지어 100%를 넘겨서 대출을 해주는 곳이 많았고 그것도 신용이 낮은 서브프라임 모기지에도 마찬가지로 적용했다. 그리고 아무리 LTV 한도는 높여도 은행에서 엄격한 대출심사를 해야 하는데 당시 미국의 은행들은 서브프라임 모기지를 하는 신용이 낮은 사람들도 대출심사를 매우 형식적으로 했을 정도로 금융이 타락했고 심지어 사망자에게도 대출을 해주었다고 한다. 은행이 이렇게 대출해 주어도 이 서브프라임 모기지 채권은 바로 증권화시켜 증권회사에서 잘 팔려나갔고 리스크는 AIG 같은 보험회사가 보험으로 떠안았기 때문에 위험하다는 느낌이 별로 없었다. 그러면서 미국의 투자은행과 증권회사들은 상상도 못하는 연봉 잔치를 매년 벌였다.

그런데 이 잔치도 부동산가격이 계속 오를 때는 신용이 낮은 사람도 대출이자를 갚으니까 문제가 없지만 부동산가격이 하락하기 시작하자 신용이 낮은 사람들이 대출한 서브프라임 모기지의 이자를 갚지 못하게 되면서 문제가 발생하기 시작했다. 어차피 서브프라임 모기지 대출자도 자기 돈이 얼마 들어가지 않고 전부 대출해서 산 주택이었기 때문에 주택을 포기하기만 하면 문제가 없었다. 한국은 은행이 주택을 경매에 붙여 채권을 전부 회수하지 못하면 채무자의 다른 재산에도 영향이 미치고 또 재산을 형성하면 압류하여 끝까지 받아내지만 미국은 대출한 주택만 포기하면 끝이라 채무자에게 큰 타격이 없다. 이렇게 서브프라임 모기지 채권이 부실화되니까 이 채권을 증권화시켜 복잡한 상품으로 만들어 팔았던 증권회사도 그 채권의 리스크를 보험상품으로 팔아 책임졌던 보험회사도, 거기에 투자했던 투자은행들이 모두 문제가 되어 부도가 난 것이다. 우리가 이미 잘 알고 있는 리먼 브라더스 은행, 뱅크 오브 아메리카인 BOA, AIG 생명 같은 회사들이 이때 부도가 나거나 구사일생했다. 미국의 대형 투자은행인 골드만삭스는 그래도 정재계에 막강한 힘을 가진 만큼 정부의 자금 지원을 받아 건재할 수가 있었다.

미국의 이 서브프라임 모기지 사태는 자세히 들여다보면 부동산가격은 올랐다 내렸다를 반복하면서 우상향하는 것이 자본주의 경제에서 매우 정상적인데 바로 금융인 은행과 증권회사가 합작하여 감당하지도 못할 복잡한 체계의 복합금융상품을 만들어 판 것이 화근이었다. 숫자놀음에만 빠졌던 셈이다. 워낙 복잡하게 상품을 만들어서 서브프라임 모기지 사태가 왔을 때 피해규모를 헤아릴 수조차 없다고 당시 언론들은 발표를 했다. 이것이 2008년 미국의 금융위기다. 당시 미국 금융위기를 배경으로 만들어진 영화 중 '마진 콜, 24시간 조작된 진실'은 금융위기가 일어나기 직전의 어느 투자은행의 24시간을 다룬 영화이다. 영화지만 이 '금융의 타락'에 대해서 어느 정도 느낄 수는 있는 작품이다.

잠시 뉴욕에 사는 형님 이야기를 해야겠다. 나의 큰형님은 미국 금융위기 이후 집값이 내려가 살고 있던 주택을 은행에 소유권을 넘겨주고 포기했지만 지금도 그 집에서 계속 살고 있다. 소유했을 때는 매달 보유세며 뭐며 세금을 많이 냈지만 지금은 소유권이 은행으로 넘어갔기 때문에 공짜로 산다 한다. 거의 7, 8년 그렇게 살아 오히려 지금은 경기도 좀 좋아지고 돈이 모여서 다시 주택을 사려고 한다. 이렇게 경매로 처분하지 않고 원래 주인이 계속 살고 있는 주택만 해도 수십만 채가 된다니 참 미국은 좋은 나라다.

지금도 잊혀지지 않는 우리나라의 IMF 외환위기 당시 한보철강, 기아 등 대기업은 물론 많은 회사들이 부도나서 수많은 실업자가 생기고 IMF의 권고로 금리는 치솟고, 부동산가격도 폭락하고 했지만 이것은 외환위기의 결과로 온 것일 뿐이다. 결국 문제는 외환, 즉 나라 돈의 운용을 잘못한 금융의 타락 또는 돈에 대한 무지에서 온 것이다. 그러므로 자본주의 경제위기는 나라든, 회사든, 가정이든 전부 돈의 운용 문제에서 기인하는 것임을 잘 알아야 한다. 부동산은 실물이라 자본주의의 허상인 돈을 잘못 운용한 결과로 부동산에도 위기가 닥치는 것이니 경제위기를 볼 때는 먼저 종이쪼가리에 불과한 돈의 운용의 잘못, 즉 '금융의 타락'을 주시해야 한다. 한국은 정부에서 금융을 손아귀에 쥐고 있으니 권력과 금융의 결탁이 가장 위험하다. 그러므로 자본주의는 돈과 부와 권력에 대한 지나친 탐욕으로 복잡하게 얽혀 있기 때문에 경제위기는 필연적으로 오지 않을 수가 없다. 그것도 주기적이 아니라 매우 불규칙하게 올 수밖에 없다. 이 사실을 인식하지 않으면 자본주의 경제를 전체적으로 왜곡되게 받아들일 가능성이 크다. 그리고 늘 소 잃고 외양간을 고치는 일을 반복하게 된다. 그러나 우리 개개인의 가정경제는 외양간을 고쳐 다시 소를 들여놓을 수 있다면 문제가 없다. 우리 가정경제는 한번 실패하면 회복하는데 많은 시간이 걸리고 돌이킬 수 없는 경우도 많다. 이럴 때는 우리 가족과 사랑하는 사람들의 행복을 뺏길 뿐만 아니라 인간성 상실까지 경험하게 된다. 이런 상실감을 맛보지 않기 위해서는 개인이 철저하게 돈과 투자에 대한 지식으로 무장해야 한다. 이것이 이 책을 돈의 원리, 돈에 대한 지성으로부터 시작하고 또 이 장을 경제위기로부터 시작하는 의미가 바로 여기에 있다. 유비무환有備無患이다. 유비有備해야 무환無患한다는 뜻이다.

 REFERENCE

MBS 주택저당증권Mortgage Backed Securities

MBS는 금융기관이 주택을 담보로 만기 20년 또는 30년짜리 장기대출을 해준 주택 저당채권을 대상자산으로 하여 발행한 증권으로 자산담보부증권ABS의 일종이다. '주택저당채권 담보부증권'이라고도 한다. 은행, 보험회사, 할부금융사 등 금융회사는 주택을 담보로 길게는 20~30년의 자금을 대출해 준 뒤, 이 담보권을 기초로 주택저당채권주택에 근저당이 설정된 대출채권을 보유하게 된다. 은행 등 금융회사들은 그 주택저당채권을 유동화중개회사SPC에 팔고, 유동화중개회사SPC는 이를 담보로 하여 MBS라는 상품을 발행하며, 자본시장의 투자자들에 의해 이 MBS 상품이 판매가 되고 현금화됨으로써 금융회사에게 그 돈을 지급한다.

CDO Collateralized Debt Obligation 부채담보부증권

요약하면 회사채나 금융회사의 대출채권 등을 한데 묶어 유동화시킨 신용파생상품. 영문 첫 글자를 따서 CDO라고도 한다. 회사채나 대출채권 등 기업의 채무를 기초자산으로 하여 유동화증권을 발행하는 금융기법의 한 종류이다. 수익을 목적으로 발행하는 것Arbitrage CDO과 신용위험을 투자자에게 전가하기 위하여 발행하는 것Balance Sheet CDO으로 구분된다. 회사채를 기초자산으로 하는 경우에는 회사채담보부증권CBO Collateralized Bond Obligation, 대출채권인 경우에는 대출채권담보부증권CLO Collateralized Loan Obligation이라고 한다. 신용등급을 높이기 위하여 채권보증업체모노라인들이 보증을 서기도 하며, 신용등급이 상대적으로 낮은 채권들을 섞어 새로운 신용등급의 CDO를 만들기도 한다. 신용등급에 따라 다시 최우량CDO · 우량CDO · 비우량CDO · 에퀴티equity로 구분된다. 그러나 어떤 채권이 담보로 편입되어 있는지 정확히 알 수 없는 데다가 담보로 사용된 회사채나 대출채권이 제때 상환되지 않을 경우에 최우량 CDO라 하더라도 투자자들이 큰 손해를 볼 수 있다.

26

ABS Asset Backed Security 자산유동화증권

자산유동화증권이란 부동산, 매출채권, 유가증권, 주택저당채권, 기타 재산권 등과 같은 유형·무형의 유동화자산Underlying Asset을 기초로 하여 발행된 증권을 말한다. 자산유동화증권의 원리금 지급능력은 주로 유동화자산으로부터 발생하는 현금흐름, 유동화자산의 재산적 가치, 신용보강 수준 및 거래참여자의 계약이행능력 등으로 결정된다. 자산유동화Asset Securitization란 상대적으로 유동성이 떨어지지만 재산적 가치가 있는 자산을 담보로 증권을 발행하여 유통하는 방법으로 대상자산의 유동성을 높이는 일련의 행위라 할 수 있다. 이러한 기법을 활용함으로써 금융기관과 기업은 보유자산을 유동화하여 조기에 유동성을 확보할 수 있다. 또 자산유동화는 다양한 자금조달 수단의 제공, 조달비용의 절감, 구조조정 촉진과 재무지표의 개선 등에 활용된다.

돈과 은행
탄생의 진실

원래 은행은 금 보관소였다. 물물교환의 수단으로 지금의 돈에 해당하는 것으로 조개, 돌, 은, 금 등 여러 가지가 쓰였지만 금을 주로 쓰던 시대가 가장 최근인 금본위제였다. 미국 서부 개척시대에 금광을 캐는 것이 유행하던 그 시대를 생각하면 된다. 그런데 금을 소지하고 다니는 것은 무거워서 불편하고 집에다 두면 도둑 맞을 위험이 있었기 때문에 금 보관소의 필요성이 대두되었다. 고객이 금을 보관하면 보관소에서는 금 보관증을 써주었다. 그리고 사람들은 금 보관증을 신뢰하고 거래를 하기 시작하게 된 것이다. 그 금 보관증이 지금의 돈인 화폐의 전신이고 금 보관소가 지금의 은행의 전신인 셈이다. 그러므로 돈은 원래 금 보관증이었으므로 금을 가진 만큼 발행할 수 있었다. 그런데 금 보관소 주인이 금을 오랫동안 보관해 보니까 금을 맡긴 고객들이 금을 한꺼번에 찾아가지 않는다는 것을 알고 꾀를 내기 시작했다. 자기가 임의로 금을 빌려주고 이자를 받는 것이었다. 오늘날로 말하면 대출을 해준 셈이다. 그런데 금 보관소는 실제로는 대출을 하는 고객에게 금을 줄 필요가 없었고 믿고 거래가 되었던 금 보관증을 발행해 주면 되는 일이었다. 이것이 바로 지금의 은행에서 고객이 맡긴 돈으로 대출해 주는 것과 같은 이치이다.

문제는 고객이 맡긴 금만큼만 대출을 하면 되는데 실제로 금은 주지 않고 종이쪼가리인 금 보관증, 즉 지금의 종이돈 화폐를 주었기 때문에 실제로 은행이 가진 돈보다 훨씬 많이 대출을 해주었다. 그래도 은행이 문제가 되지 않는 것은 금 주인들이 금 보관소에 맡긴 금들을 같은 날 같은 시간에 찾아가지 않는 이상 문제가 되지 않듯이 돈을 맡긴 주인들이 같은 날 같은 시간에 한꺼번에 찾으러 오지 않는 이상 문제가 되지 않는다. 그러므로 은행은 실제로 고객이 맡긴 돈보다도 10배 이상 대출을 더 많이 해주어 이자를 받는다. 그런데 은행도 늘 이런 좋은 날만 계속되는 것이 아니라서 우리나라에도 저축은행 사태가 있었듯이 자본주의 경제는 늘 큰 문제가 따르게 된다. 은행에 문제가 있다고 생각하면 은행에 돈을 맡긴 고객은 심리적으로 불안해서 같은 날 한꺼번에 예금을 찾으려고 은행 앞에서 문을 열기도 전에 줄을 서게 되는데 이것을 바로 뱅크 런Bank Run이라고 한다. 뱅크 런의 Bank는 은행이고 Run은 뛰다 이니까 고객들이 은행을 믿지 못해 맡긴 돈을 찾으려고 은행에 뛰어가는 것을 말한다. 은행은 이럴 때 문제가 생긴다. 당연히 고객이 맡긴 돈보다 훨씬 많은 돈을 빌려주었기 때문에 돈을 가지고 있지 않아 고객의 돈을 내어줄 수 없게 된다. 그렇게 되면 은행은 파산할 수밖에 없다.

1929년 미국경제대공황 때 루즈벨트 대통령이 뉴딜정책을 폈다. 뉴딜정책이란 경제 활성화를 위해서 필요하지도 않는 댐을 수백 개를 건설하여 노동의 대가로 돈을 지급했는데 그 돈은 정부 중앙은행이 금을 보관한 만큼 화폐를 발행해야 하는데 마구잡이로 돈을 찍어낸 것이다. 대통령이 분명 돈을 맡긴 금보다 많이 발행한 것을 눈치 챈 시민들이 은행에 자기 돈을 찾으러 달려가 대규모 인출사태인 뱅크 런이 발생하여 그때 미국 전역에 수백 개의 은행이 파산했다. 그런 경험으로 만들어진 것이 지급준비금, 지급준비율 제도이다. 지급준비금이란 은행에서 뱅크 런 사태를 대비하여 고객이 맡긴 돈 중에 일부는 중앙은행에 맡기는 돈을 말하는데 고객의 총예금 중 지급준비금을 어느 정도 비율로 맡기는가를 나타내는 비율을 지급준비율 또는 줄여서 지준율이라 한다. 한국의 경우 지급준비율이 6% 정도인데 은행의 지준율이 6%

면 총예금 수신고가 1,000억 원이라면 60억 원은 한국은행에 맡겨야 한다. 이럴 때 지급준비금이 60억 원이 되고 지급준비율은 6%가 된다. 한국은행에서 경기에 따라 시중에 돈을 많이 풀고 싶을 때는 지급준비율을 내리고, 반대로 경기가 과열되어 시중에 풀려 있는 돈을 거두어들이고 싶으면 한국은행에서 지준율을 올린다. 은행 총예금 수신고가 1,000조라면 6%는 60조니까 1%만 내려도 시중에 10조라는 돈이 더 풀리게 되는 셈이다. 그러므로 각 나라들이 통화량을 조절하는 수단으로 이 지급준비율을 이용한다.

또 이런 뱅크 런 사태가 생겨 은행이 파산하면 경제적인 충격이 너무 크므로 한국은 5천만 원까지 정부에서 예금보호를 해준다. 그러나 그 이상의 예금은 정부가 책임지지 않으므로 엄격하게 말해서 은행에 맡기는 돈도 그렇게 안전하지 않다. 투자는 필수적으로 위험이 따른다. 그러므로 이런 돈의 원리를 잘 인식하는 것이 위험을 조금이라도 줄이는 길이고 투자지혜를 높이는 길이다. 지금 각 나라 중앙은행은 금 보관과 상관없이 마음대로 돈을 찍어낸다. 그것이 가장 심한 나라가 미국이다. 물론 달러는 미국만 쓰는 돈이 아니고 전 세계적으로 통용이 되니 뱅크 런처럼 문제가 당장은 생기지 않을 수 있다. 그러나 중국, 일본 등 세계 각국이 갖고 있는 달러와 달러채권을 한꺼번에 내다 팔면 뱅크 런 같은 문제가 발생하여 미국이 파산할 수도 있다. 그런데 미국은 자기 나라의 화폐발행 능력을 너무 과대평가하는 것 같다. 얼마 전 미국 금융위기 때 미국의 중앙은행에 해당하는 미연준 FRB 의장이었던 벤 버냉키가 헬리콥터로 돈을 뿌려서라도 경기를 살리겠다고 선언하여 헬리콥터 벤이라는 별명을 얻은 것도 돈의 원리를 너무도 과신한 발언이 아닌가 생각한다. 물론 그렇게 해서 미국 경기는 결국 좋아졌지만. 자본주의 돈의 원리를 교묘하게 이용하는 미국만 혜택을 너무 받는 것이 아닌가 걱정스럽다. 외환이 없어 하루아침에 나라가 망했듯이 돈의 원리를 모르면 나는 아무것도 하지 않아도 가만히 앉아서 내 돈의 가치가 하루아침에 진짜 종이쪼가리처럼 바뀌는 것이 자본주의 돈의 원리다. 돈이 자기에게 머물러 모이기를 원한다면 최소한 돈의 원리를 이해해야 한다. 자기를 이해하지 못하는 사람에게 돈은 오래 머물러주지를 않는다.

 추천 성공투자 도서 ❶

스위스 은행가의 아들 막스 귄터의 '돈의 원리'

빚의 역설, 빚을 무서워하는 사람은 부를 이루기 어렵다

이게 무슨 말인가? 빚이 무서워 빚을 쉽게 내지 못하는데 오히려 부를 이루기 어렵다니! EBS 다큐프라임에서 방영한 '자본주의 5부작' 중 1부의 제목이 '돈은 빚이다'이다. 이 말을 기준으로 생각해보면 빚을 무서워한다는 것은 돈을 무서워한다는 것이다. 이 말은 무슨 말이냐 하면 자본주의에서 부를 축적하기 위해서는 빚을 잘 내야 한다는 말이며, 앞에서도 말했듯이 (남의) 돈을 잘 활용해야 된다는 말이다. 그런데 빚을 무서워하면 돈은 어차피 빚이라는 원리를 모르고 막연히 돈을 무서워만 하는 것이니 돈을 잘 활용할 수도 없어 결국 가난을 벗어나지 못하고 돈의 노예가 된다는 말이다. 누구나 잘 알듯이 보통사람들은 빚을 무서워하지만 부자들은 빚을 무서워하지 않는다. 그렇다고 부자들이 빚을 무분별하게 내는 것은 아니지만 빚에 대해 적극적이고 긍정적인 사고를 갖고 있다. 사용하는 용어도 우선 부정적이고 금방 어깨가 무거워지는 이미지를 갖고 있는 빚이라고 생각하지 않고 내가 수익을 극대화하기 위해 차입하는 돈 정도로 생각한다. '난 절대 빚지고는 못 산다'는 말을 입버릇처럼 말하는 사람이 있다. 자기는 빚을 잘 안 지는 성향임을 자랑스러운 듯이 말한다. 이 말은 자본주의 돈의 위험한 측면만 보는 시선이다. 이런 사람에게는 작은 위기만 닥쳐도 주변이 온통 위기로 덮여 위기 외에는 아무것도 보이지 않는다. 자본주의의 꽃은 장사인데 장사를 해서 돈을 많이 버는 대기업들은 어떻게 부를 키우는가?

경제용어로 금산분리金産分離라는 것이 있다. 금산이란 금융과 산업을 말하므로 금융과 산업은 분리시켜야 한다는 말이다. 조금 더 구체적으로 말하면 은행과 기업은 분리시켜야 한다는 것을 말한다. 대기업은 돈줄인 은행을 소유하고 싶어 한다. 물론 은행의 돈도 전부 남의 돈이지만 어쨌든 자본주의에서 은행만 소유하면 어떤 위기도 무섭지 않다. 그런데 대기업이 은행을 소유하게 되면 대기업은 얼마든지 은행의 자본을 바탕으로 사업을 확장하고 은행을 소유하지 못하는 중소기업과는 경쟁 자체가 되지 않으므로 한국정부는 과거부터 금산분리를 엄격하게 주장해왔다. 그러면 우리나라 대기업은 금융과 완전히 분리되었는가. 아니다, 겉으로는 그렇지만 속은 아니다. 대부분 보험회사와 증권회사를 소유하고 있다. 우리나라 대기업 중에 보험회사나 증권회사를 소유하지 않은 곳은 거의 없다. 내가 볼 때 보험과 증권은 금융과 마찬가지다. 사람들의 돈을 끌어 모아 10년 20년 뒤, 아니면 40년 50년 뒤에 혜택을 준다고 해놓고 그동안에 사람들이 맡겨놓은 돈을 활용하여 사업도 하고 사옥도 짓고 물건도 만들어 판다. 중간에 보험을 해제해도 보험회사의 이익이고 몇 십 년 뒤 보험금을 내어줄 때는 돈의 가치가 떨어져 쓴 돈에 비하면 소위 껌값이니 완전 땅 짚고 헤엄치기다. 은행은 물론 대기업들은 전부 여러분들의 돈을 빚내서 미리 쓰고 활용하여 돈을 벌고 있다. 그래서 돈을 많이 벌어서 갚는 것이다. 그런데 그들이 그것을 빚이라고 부르는가. 절대 빚이라고 생각 안 한다. 대차대조표에 차입으로 잡히면 잡혔지 빚이라고는 생각도 안 하고 말도 안 한다.

그러면 한국은 왜 언론에서 가계 빚, 빚 폭증 등 금세 나라가 부도날 것처럼 호들갑을 떠는가. 여러 가지 이유가 있겠지만 그 중 몇 가지만 말하면 첫째, 사람들은 그런 부정적인 기사에 시선이나 마음이 끌리기 때문에 시청률이 올라간다. 둘째, 주변에는 그런 부정적인 예측기사로 호위호식하는 전문가그룹이 너무 많다. 마지막으로 내가 여기서 진짜

하고 싶은 말은 대기업과 같이 부를 가진 기득권층은 빚의 공포를 끊임없이 말해서 대중들이 빚으로부터 자유로워지는 것을 원하지 않기 때문이다. 자본주의 사회에서 빚으로부터 자유로워진다는 말은 곧 부와 연결되는 것을 대기업들은 너무도 잘 알고 있기 때문이다. 대기업이 계속 대기업으로 남아있기 위해서는 빚을 무서워하는 많은 대중들이 필요하기 때문이다.

은행은 아니더라도 보험과 증권회사를 소유하고 있는 입장에 있는 대기업들은 자본주의 경제시스템 가운데 하나인 자본을 쥐고 있기 때문에 위기가 오히려 그들에겐 기회인 셈이다. 결국 대기업같이 큰 부를 가진 사람은 많은 사람들이 빚을 무서워하여 오히려 빚에서 벗어나지 못하는 상황을 자꾸 연출하고 싶은데 직접적으로 대놓고 말을 할 수가 없다. 그런데 다행히 언론을 비롯한 주변의 다른 자본주의 시스템들이 분위기를 늘 만들어주고 있으니 그냥 방관만 하면 된다. 이와 관련된 경제적인 부분을 상세하게 언급할 수가 없어 여러분은 다소 극단적인 비유라고 생각할 수도 있다. 설명이 길면 본질을 이해하기 더 어렵다. 그래도 빚을 무서워하는 사람치고 부와 성공을 이룬 사람을 필자는 지금까지 거의 본 기억이 없다.

REFERENCE

금산분리金産分離

금융자본과 산업자본이 상대 업종을 소유·지배하는 것을 금지하는 원칙이다.

은행업으로 대표되는 금융자본과 제조업을 중심으로 한 산업자본이 서로의

업종을 소유하거나 지배하는 것을 금하는 원칙을 말한다. 금산분리 원칙하에

서는 기업이 은행의 주식을 일정 한도 이상 보유하거나, 은행 등 금융회사가

기업의 주식을 일정 한도 이상 보유하는 것이 금지된다. (출처 두산백과)

돈에 대해
좋은 이미지를 구축하라

과거에 우리는 돈을 너무 밝히고 쫓는 것은 부끄러운 일이라고 생각했다. 조선시대 선비사상의 영향인지 몰라도 돈은 되도록 멀리하는 것이 인격이 높은 사람, 소위 양반처럼 생각되었다. 돈만 있으면 다 된다는 생각, 물질만능주의라는 말의 이면에는 돈에 너무 악착같은 사람은 오히려 수준이 낮은 사람으로 취급하는 이미지가 있었다. 물론 지금은 사고가 많이 바뀌었다. 어린이의 꿈이 공공연히 건물주라고 말하는 시대라 돈으로 사랑도 살 수 있고, 행복도 살 수 있다고 생각할 정도로 돈에 대해 매우 개방적으로 생각하기 시작했다. 실제로 돈으로 사랑과 행복을 살 수 있느냐 하는 것은 개개인 생각의 문제로 차치하고라도 그래도 그만큼 과거에 비하면 돈에 대한 이미지가 많이 바뀌었다는 말이다. 그러나 우리 주변에는 아직도 부자가 되고 싶어 하면서도 돈에 대해서는 나쁜 이미지를 가지고 있는 사람이 많다. 반면에 너무 돈만 추구하고 악착같이 돈만 쫓는 사람들도 많다. 이것은 둘 다 돈에 대한 좋지 못한 부정적 이미지를 가진 사고방식이란 생각에 우려스러운 부분이 있다.

부동산투자든 무슨 투자든 투자는 돈으로 하는 것이므로 투자를 잘하려면 우선 자본주의 경제 속에서의 돈의 원리를 잘 알아야 한다. 돈의 원리를 모르고 투자의 원리를 깨치기는 그만큼 어려운 일이라는 것은 누구나 인정하는 사실이다. 그런데도 불구하고 우리나라는 허구한 날 돈으로 투자를 했니 투기를 했니 하면서 좋고 나쁜 편을 갈라 쓸데없는 논쟁이 끊이지 않는 것을 보면 정부도 마찬가지이고 돈과 투자에 대해 아직 편협한 시선을 가진 사람들이 많은 것 같다. 이런 시선들은 여러분이 부자가 되려고 하는 데 분명 방해가 된다. 그리고 우리는 사람이 문제인 것도 돈 때문에 사람이 나쁘게 변했다는 말을 자주 한다. 정말 그 사람은 괜찮은 사람이었는데 돈 때문에 나쁜 사람이 되고 돈 때문에 죄를 지었을까 한번쯤 깊이 생각해보자.

이런 돈에 대한 이해부족, 나쁜 이미지를 가지게 되면 성공하는 데

걸림돌이 되기 때문에 부자와 성공과 관련된 자기계발서를 보면 '돈을 사랑하라', '돈에 대해 긍정적 사고를 가지라' 등의 돈에 대해 내가 말하고 싶은 좋은 이미지를 가지라는 책들이 많다. 그 중에서 일본 개인납세 연속랭킹 1위, 부자에 관한 많은 책을 쓴 사이토 히토리의 명쾌한 답을 조금 길게 소개한다.

"한 강도가 식칼로 사람을 찌른 사건이 일어났다고 칩시다. 이것은 식칼이 잘못한 걸까요, 사람이 잘못한 걸까요? 식칼은 생선을 자르기 쉽게 만든 도구입니다. 사람을 찌르기 위해 만든 것이 아니죠. 여러분도 다 아시겠지만 사람이 상처를 입었다고 해서 식칼한테 잘못이 있는 건 아닙니다. 따라서 두말할 필요도 없이 식칼로 찌른 사람의 잘못이지요. 이제 화제를 '돈'으로 돌려봅시다. 부자가 되니 갑자기 태도가 돌변하는 사람이 있습니다. 반대로 돈이 떨어져서 강도짓을 하는 사람도 있지요. 그렇다면 이는 돈의 잘못일까요, 사람의 잘못일까요? 물론 이 경우에도 태도가 변해버린 사람, 강도짓을 한 사람이 잘못한 겁니다. 그런데 이때도 "저 사람은 돈 때문에 변했어"라고 말하는 분이 있습니다. 심지어 "돈 때문에 저 사람은 범죄를 저지를 수밖에 없었던 거야"라며 두둔하는 경우도 있고요. 하지만 제가 볼 때 이런 논리는 '식칼로 사람을 찔러 상처를 입힌 것은 식칼 때문이다'라고 주장하는 것과 마찬가지입니다.

돈에 대해 나쁘게 말하는 것은 그 사람의 자유입니다만, 누군가 당신에게 '더럽다'느니 '나쁜 놈'이니 하면, 그 사람과 같이 있겠습니까? 돈도 마찬가지입니다. 돈에게도 자신의 주인을 선택할 권리가 있는 겁니다. 저는 돈은 '좋은 것'이라 생각합니다. 신이 인간에게 준 최고의 아이디어 중 하나라고 여기지요. 왜냐고요? 돈이 없으면 옛날처럼 물물교환을 해야 합니다. 도쿄에서 오사카까지 가는 데 쌀가마가 필요하다고 생각해보세요. 신은 인간들을 고생시키지 않기 위해 '화폐'라는 아이디어를 준 것입니다. 돈이 신의 배려에 의해 생긴 아이디어라고 생각하면 감히 돈에 대해 더 이상 나쁜 말을 할 수 없을 겁니다. 또 돈을 좀 더 소중히 다루게 되겠지요."

투자는 돈의 원리를 제대로 이해하는 것에서 출발한다. 돈의 원리의 가장 첫 출발이 돈에 대해 좋은 이미지, 긍정적인 이미지를 가지는 일이다. 돈의 원리를 이해하지 못하면 투자도 제대로 할 수 없다. 돈은 생명이 있고, 감정이 있고, 생각이 있어 마치 살아 움직이는 것처럼 다루어야 한다.

🏠 추천 성공투자 도서 ❷

사이토 히토리 '1퍼센트 부자의 법칙'

45년 전 돌아가신 할아버지 유품 속에서 발견된 현금 100만 원의 교훈

45년 전 돌아가신 할아버지의 유품 속에서 현금 100만 원을 발견했다. 그러나 이것은 언제 발견했는가가 아주 중요한 포인트다. 만약 오늘 발견했다면 어떤 생각이 들겠는가? 엄청난 후회가 밀려들 것이다. 몇 날 며칠 잠을 못 잘 것이다. 45년간 돈 때문에 고생했던 순간들이 떠오르면서 땅을 치고 통곡하고 싶어질지도 모른다. 왜? 왜 그렇게 후회 막심할까? 45년 전에 발견했으면 맛있는 거 엄청나게 많이 사먹을 수 있었을 텐데, 그때 멋진 텔레비전, 냉장고, 세탁기를 살 수 있었을 텐데 하는 그런 후회일까? 아니다. 그때 많은 걸 샀더라도 어차피 지금 남아 있을 것은 하나도 없다. 그러므로 그때 발견하지 못하고 지금 발견한 것이 너무도 후회되는 이유는 그 돈을 좋은 소비를 할 수 있었는데 못했다는 후회가 아니라 바로 그 돈으로 투자를 했으면 지금쯤 빌딩이 몇 채 있을 거다, 라는 생각 때문이다. 그 돈을 복리이자로 불렸으면, 그 돈으로 주식을 샀더라면 하는 생각, 즉 투자했으면 어떤 결과라는 것을 이미 45년간 여러분은 경험하면서 체득했기 때문에 후회가 막심한 것이다. 그러므로 이미 여러분은 45년간 경험하면서 투자가 좋다는 것을, 그것도 부동산투자가 좋다는 것을 경험했다. 그럼에도 불구하고 지금 버는 돈은 또 소비하는데 다 써버리고 투자는 엄두도 내지 못한다. 지금 현재만 보고 살기 때문이다. 지금 현재의 감정에 사로잡혀 살기 때문에 그렇다.

여러분은 잘 몰라도 여러분의 마음은 돈을 벌면 투자해야 된다고 이미 알고 있다. 그러면 지금부터라도 돈을 벌면 어디에 써야 되느냐? 만약 지금 여러분들이 버는 돈을 소비하는 데만 쓰면 3~40년 뒤 똑같이 후회를 할 것이다. 그런데 시간을 돌려놓고 생각을 해보자. 실제로 45년 전에 할아버지가 남긴 현금 100만 원을 발견했다면 여러분은 과연 투자하는데 그 돈을 썼을까? 이미 45년간의 경험을 통해 투자가 좋다는 것을 알고 있는 지금 돌아보아도 과연 내가 당시에 발견했다면 투자를 했을까 의문이 든다. 그만큼 여러분 마음에는 투자가 좋다고 아는 만큼이나 현재 닥치는 소비의 유혹이나 욕망도 떨치기 어렵다는 것

또한 잘 알기 때문이다. 그래서 돈의 원리를 알려면, 그래서 투자를 잘하려면 돈과 결부된 인간의 욕망을 잘 이해해야 한다. 투자는 미래를 위해 하는 것이다. 그러나 투자는 미래를 위해 하는 것이지만 현재의 욕망을 극복하고 지금 투자해야만 한다. 그런데 현재는 늘 감정적으로 움직이므로 미래의 투자를 위해서는 현재의 감정을 절제할 수 있어야 한다. 그러므로 투자를 잘 하기 위해서는 현재를 절제하고 인내하는 생활습관이 우선 몸에 마음에 배어 있어야 한다. 다른 생활습관은 욕망을 주체 못하는 생활을 늘 하면서 유달리 투자만 절제를 잘 할 수는 없는 법이다.

그리고 투자가 좋은지는 지금 현재 판명나지 않는다. 늘 많은 시간이 필요하다. 그러므로 그런 시간을 인내할 수 있어야 한다. 그런데 우리가 인내할 수 있는 것은 이미 우린 4~50년의 경험으로 알고 있기 때문에 가능한 것이다. 전혀 경험이 없는 일이면 절제하겠다는 마음만으로 확신을 가질 수는 없다. 또한 이런 투자에 관련된 일련의 행위들이 누구나 할 수 있는 쉬운 일이 아니라 어렵기 때문에 의미가 있는 일이다. 투자는 제로섬 게임이다. 그러므로 모든 사람이 성공을 거둘 수는 없다. 누군가 실패를 많이 해야 기회가 주어진다. 투자는 오랜 기간, 현재를 늘 절제하며 감정을 배제시키는 일이 어렵고 그래서 대부분 못하고 중도에 포기하기 때문에 현재를 참고 끝까지 인내하고 자기 미래를 확신하고 투자하는 사람에게 기회가 돌아가게 된다. 지금 여러분이 쓰고 있는 돈은 혹시 할아버지가 남겨 놓은 유산과 같은 현금 100만 원이 아닌가. 먼 미래에 그 100만 원에 대해서 어떤 상념에 잠기게 될지 부디 생각해보고 쓰기 바란다.

인플레이션, 정부는 내 돈의 가치를 자꾸 떨어뜨린다

나도 경제학을 전공한 것이 아니라 인플레이션에 대해서 그렇게 해박한 지식을 갖고 있는 것은 아니지만 투자의 기초인 돈의 원리를 이해하는 측면으로 간단하게나마 인플레이션에 대해 말해보고자 한다. 인플레이션(Inflation)이란 '통화량의 증가로 화폐가치가 하락하고, 모든 상품의 물가가 전반적으로 꾸준히 오르는 경제 현상'을 말한다. 인플레이션을 설명하는 첫 문구가 '통화량의 증가'이다. 통화량으로 보면, 대한민국에 풀린 돈의 총량은 엄청나게 많이 늘어났다. 실제로 한국은행 통계에 따르면 한국의 총 통화량은 1970년 50조에서 현재 2500조로 평균적으로 거의 1년에 2배씩 늘어나 50

년 전에 비하면 약 50배 늘어났다. 그래서 한국은 지금껏 지속적으로 돈의 가치가 하락하고 물가가 상승했다. 자장면 값도 44년 전 100원에서 지금 5000원으로 50배가 올랐다. 그러므로 한국은 심하지는 않지만 지속적인 인플레이션 국가, 즉 물가가 꾸준히 오르는 나라이다. 한국뿐만 아니라 자본주의 대부분의 나라들이 일본처럼 물가가 지속적으로 떨어지는 디플레이션이 사회에 충격이 더 크다고 생각하여 인플레이션을 정책적으로 선호한다. '부자 아빠 가난한 아빠'의 저자 로버트 기요사키가 금 투자를 적극적으로 추천한 것도 세계적으로 고질적인 인플레이션 국면과 무관하지 않다.

　　그러면 화폐가치를 떨어뜨리고 물가를 상승시키는 인플레이션은 부동산투자와 어떤 관계가 있을까? 아주 깊은 관계가 있다. 물가가 지속적으로 오르고 화폐가치가 꾸준히 떨어진다는 것은 금이나 부동산 같은 실물자산 가격은 계속 오르므로 매매보다 임대가 손해라는 말과 일맥상통한다. 매매를 한 부동산의 가격은 물가상승으로 그 자체로도 오르지만 임차를 한 사람의 입장에서는 그만큼 손해다. 예를 들어 전세보증금 2억 원을 맡기고 임대인으로부터 5년 뒤에 돌려받는다고 생각하면 임대인은 5년 후에 5년 전의 2억 원을 돌려주는 것이니 돈의 가치가 떨어진 만큼 이익일 것이고, 임차인은 2억 원에 대한 이자만 5년간 못 받은 것이 아니라 5년 동안 돈의 가치가 이미 떨어진 2억 원을 받았으니 그만큼 더 손해인 셈이다. 우리나라는 과거 고도 성장기에는 굉장히 높은 저축률을 기록했었는데 지금은 저축을 하는 사람이 줄어든 것도 인플레이션의 영향인 면도 크다. 저축의 이자율이 돈의 가치가 떨어지는 속도보다 낮기 때문에 부동산 같은 자산을 형성하는 것이 돈의 활용도로 보아도 저축보다 낫다고 생각하기 때문이다. 월급을 받는 사람은 급여 오르는 속도가 물가가 상승하는 것을 따라가지 못하니 월급받는 사람도 결국 인플레이션에 의한 손해를 보는 셈이다.

그리고 인플레이션은 지속적인 돈의 가치 하락으로 돈을 빌려주는 사람보다 돈을 빌리는 사람이 이득이므로 은행보다 대출을 받는 부동산 소유자가 인플레이션 국면에서 훨씬 유리하다. 지금까지 지속적으로 화폐가치가 떨어지고 물가가 오른 한국 같은 인플레이션 국가에서는 어쩌면 부자들의 70% 이상의 자산이 부동산에 몰려 있는 것도 당연하고, 우리 주변에 부동산투자로 부를 이루고 성공한 사람이 많은 것도 당연한 일이며 갈수록 우리 사회에 부익부 빈익빈이 심화되는 것도 인플레이션과 깊은 관련이 있다고 보여진다. 대부분의 국가에서 경기가 침체되면 우선 돈을 풀어 경기를 활성화시키는 것이 가장 많이 쓰는 수단이다. 그러므로 한국이 그렇듯이 각국은 경기가 좋을 때든 나쁠 때든 지속적으로 돈을 풀게 되어 있으므로 통화량은 계속 증가할 확률이 크다. 그리고 각국은 디플레이션보다 적절한 인플레이션 국면을 선호한다. 그렇다는 이야기는 앞으로도 물가가 지속적으로 오르는 인플레이션 국면이 많이 나타난다는 것이므로 내 돈을 빨리 부동산 같은 실물자산에 투자하는 것이 가장 안전하다는 말이다.

세계 기축통화인 달러를 쓰는 미국은 미국 외에도 전 세계에서 달러를 써주기 때문에 돈을 많이 찍어내도 어딘가로 흡수되어 인플레이션이 잘 오지 않으나 보통의 나라들은 인플레이션의 걱정으로 돈을 쉽게 찍어내지 못한다. 정부에서 돈을 너무 과도하게 찍어내면 물가가 너무 올라 과거의 짐바브웨, 최근의 베네수엘라처럼 식사 한 끼 하는데 돈을 수레에 가득 싣고 가야 되는 하이퍼인플레이션이 될지도 모르기 때문이다. 미국은 세계를 지배하는 군사력도 최고이면서, 자본주의의 꽃인 돈을 맘껏 찍어내도 별 탈이 없는 부러운 나라다. 돈의 원리, 돈의 힘을 가장 잘 알고 이용하는 집단이 미국이다. 잠시 미국을 부러워했지만 국가가 알려주지 않으면 여러분 개인이라도 돈의 원리인 인플레이션을 잘 이해하여 돈의 가치를 적극적이고 합리적으로 활용하는 사람이 되어 조금이라도 빨리 부와 성공의 길을 걷는 사람이 되길 바란다. 부동산가격만 보지 말고 배춧값이 상승하는 것도 그냥 흘려듣지 마라. 자본주의는 그리고 정부는 여러분이 갖고 있는 돈의 가치를 지속적으로 떨어뜨린다.

44년 전 추억의 자장면 한 그릇이
알려주는 통화량의 불편한 진실

44년 전 1974년 2월 국민학교 6년을 끝내고 졸업식을 하던 날, 이날은 6년간 학교 다니며 매주 저축의 날에 저축했던 것을 한꺼번에 선생님께 받은 날이기도 했다. 두둑해진 주머니를 믿고 그날 졸업식이 끝나고 친구 몇 명과 쏜살같이 달려간 곳이 지금도 그 자리에 그대로 있는 중국 화교가 운영하던 중국집, 천화원天和圓의 2층이었다. 당시 어린 나이에는 비싸서 쉽게 먹어보기 어려웠던 자장면 한 그릇을 먹어보기 위해서였다. 그때 자장면 보통 한 그릇의 값은 동창들의 이야기를 종합해보면 대략 100원 정도였던 것 같다. 그런데 44년이 지난 지금 자장면 보통 한 그릇 값은 얼마인가? 옛날의 보통

이 지금의 곱배기 양은 될 것이다. 그런 것을 따지지 않더라도 4,500원에서 5,000원 정도 하니 44년 만에 자장면의 값은 거의 50배 가까이 오른 셈이다. 지금은 굳이 6년치 저금을 타지 않더라도 누구나 쉽게 먹을 수 있는 음식이므로 자장면 한 그릇의 효용가치는 지금보다 그때가 훨씬 가치가 있었다. 그런데도 가격은 그때보다 오히려 50배가 오른 셈이다. 44년 전의 딱 절반인 22년 전 1995년에 전국의 자장면 값은 소비자 물가로 보면 평균 1837원 정도로 44년 전의 18배 정도 올랐으니 갈수록 자장면 값은 가파르게 올랐다.

그러면 왜 물가는 이렇게 오르고 반면 돈의 가치는 계속 떨어지는 것일까? 그 이유는 시중에 돈이 풀린 총량인 돈의 통화량에서 찾아볼 수 있다. 한국은행 통계자료에는 1986년부터 매년 M1, M2 통화량을 발표하고 있다. M1은 현금과 자유입출식 예금통장에 들어 있는 바로 현금의 개념인 협의의 통화량이고, M2는 M1에 만기 2년 이내의 저축성 예금, 예금성 보험, 외환 등 기타 금융권 자산을 포함한 개념인 광의의 통화량이라고 부른다. 이 M1은 1974년 15조에서 2018년 3월에 800조 정도로 44년 동안에 약 53배 늘어났다. 그리고 M2는 1974년 45조에서 2018년 2,500조로 44년 동안에 역시 55배 늘어났다. 43년간 돈이 풀린 총량이 그만큼 많아진 것이다. 자장면의 가격이 44년 전에 비해 50배 오른 것이나 돈의 통화량이 44년간 50배 넘게 풀린 것이 단지 우연의 일치일까. 그렇지 않다. 한국에 유통되는 돈의 통화량이 증가하는 만큼 물가도 연동되어 올라갈 수밖에 없다는 사실이다. 돈을 많이 풀면 실물의 가치는 떨어지고, 가치가 떨어지는 만큼 가격은 올라가게 된다. 통화량을 경제에서는 유동성이라는 말로 표현을 하기도 한다.

돈을 많이 풀면 물가는 오르고 부동산가격도 계속 오르는데 그러면 한국은행은 왜 통화량을 계속 증가시키는 것일까? 우선 각 나라들이 경기가 침체되면 경기부양 카드로 쓸 수 있는 것이 돈을 푸는 것 외에는 뾰족한 방법이 그다지 없고 또 짧은 자본주의 역사상 그 외에는 특별히 배운 것도 없다. 그러므로 경기가 나빠지면 정부는 돈을 많이 푸는 카드를 쓰는 유혹에 빠지게 된다. 정부에서 돈을 푸는 것, 이것이 바로 양적완화다.

한국은 돈을 찍고 싶어도 마음대로 찍어낼 수 없다. 돈을 무분별하게 찍어내면 시중에 통화량이 너무 많아져 감당할 수 없을 만큼 물가가 오르기 때문이다. 그것을 경제용어로 하이퍼인플레이션이라 하는데 자장면 한 그릇을 사먹으려면 수레에 돈을 싣고 가거나 가방 가득 돈을 채워가야 할 정도로 물가가 높은 상태를 말한다. 실제로 몇 년 전 아프리카 짐바브웨에서는 물가가 1년에 2억%나 올랐고 지금 남미의 베네주엘라도 하이퍼인플레이션으로 얼마 전 현재의 액면가를 10만 분의 1로 낮추는 화폐개혁을 단행했음에도 1주일 사이에 3만% 넘게 물가가 치솟고 있다고 한다. 정부에서 돈의 원리를 모르고 무분별하게 돈을 찍어냈기 때문이다. 한국이 미국처럼 돈을 마음대로 찍어내지 못 하는 것은 한국 돈은 한국 외에는 거의 사용하지 않고 다른 나라에서 한국 돈에 외환투자도 하지 않기 때문이다. 그러나 미국의 달러는 세 계 기축통화로 전 세계의 나라들이 사용하고 수출입 결제화폐로 사용 되고, 외환투자도 활발히 일어나기 때문에 웬만큼 많이 찍어내어서는 세계 각국에서 흡수를 해주니 표시도 안 나기 때문이다. 그러니 미국 은 혜택받은 나라라고 볼 수 있다. 그러나 미국도 그렇다고 돈을 너무 많이 찍어내면 달러 가치가 무너져 하루아침에 경제가 파탄이 날 수 있어 중국, 일본, 유럽을 비롯한 전 세계경제가 세계 기축통화 전쟁, 소 위 화폐전쟁의 향방에 촉각을 곤두세우고 있는 즈음이기도 하다.

내가 평소 제일 좋아하는 음식은 지금은 좀 변했지만 옛날엔 자장면 이었다. 옛날에 자장면은 중국에서 들어온 것으로 가격이 비싼 고급 음식이었고 귀한 음식이었다. 그런데 지금은 가격도 다른 음식에 비해 상대적으로 싸서 누구나 손쉽게 먹을 수 있는 일반 대중음식으로 자리 잡았다. 서양식 주택인 아파트도 우리나라에 처음 들어왔던 1960년대 초에는 매우 고급주택에 속했고 누구나 살고 싶어 하는 집이었으나 비

표1 협의의 통화량

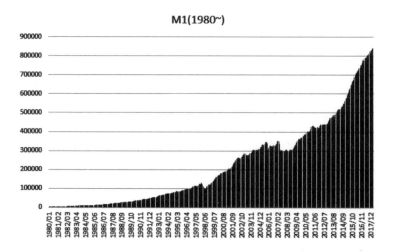

표2 광의의 통화량

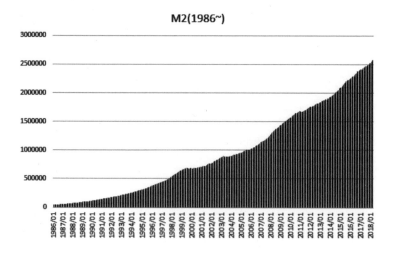

싸서 아무나 살 수 없는 아파트였다. 그런데 지금은 대한민국 국민의 70% 가까이가 아파트에 살고 있을 정도로 많이 보급되었고 가격도 대중화되었다. 그런 점에서는 자장면과 아파트는 비슷하다. 자장면 가격과 부동산가격 그리고 돈의 통화량과 돈의 가치의 관계가 어떤 상관관계를 그리며 나아갈지 여러분도 앞으로 꾸준히 주시해보면 부동산 투자에도 좋은 방향계로서의 역할을 제시해주지 않을까 생각한다.

표1의 M1 그래프는 협의의 통화량의 변화 그래프로써 1974년 15조에서 2018년 초 840조를 넘어 53배 증가했다. IMF 위기 이후 일시적으로 떨어졌고 2008년 금융위기 때 급격하게 줄어든 상태로 3년간 지속된 것을 제외하고는 거의 매년 통화량은 증가했고 박근혜정부 때는 급격하게 증가했다.

표2는 광의의 통화량의 그래프로써 74년 45조에서 2018년 2500조를 넘어 44년간 55배 이상 증가했음을 알 수 있다. 광의의 통화량의 그래프는 전체적으로 보면 협의의 통화량의 그래프에 비해 굴곡이 거의 표시가 나지 않아 거의 직선에 가깝고 완만한 우상향을 그리고 있다. 그러므로 협의의 통화량의 변화추이를 면밀히 지켜보는 것이 부동산가격과의 상관관계를 도출하기 쉬울 수 있다.

표3은 M1÷M2=0.283으로 평균 28.3%의 회색 선을 긋고 평균치 이상인 시기(까만 타원형)를 확인해보면 매우 주목할 만한 부동산현상이 나타난다. 이 말의 의미는 협의의 통화량을 광의의 통화량으로 나누

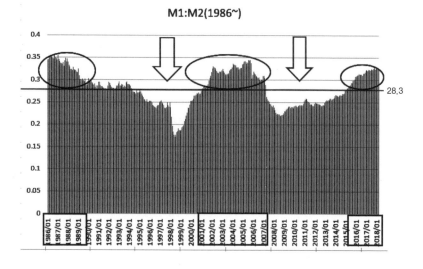

표3 M1/M2

M1:M2(1986~)

28.3

면 평균 28.3%가 나오는 데 28.3%의 평균선을 긋고 평균선 위에 위치하는 그래프의 봉우리의 연도를 살펴보면 신기하게도 우리나라 부동산가격이 가장 좋았던 시기와 거의 일치한다. 첫 봉우리는 88올림픽을 즈음하여 부동산가격이 오른 시기를 나타내고, 가운데 봉우리는 IMF 위기가 회복되고 2002년 월드컵을 기점으로 2007년 초까지 노무현정부에서 그렇게 잡으려고 했던 아파트가격이 최고조로 올랐을 때를 말하고, 마지막 봉우리는 2000년도 초반 많이 올랐던 가격의 피로감과 곧이어 온 2008년 미국 금융위기 이후 오래 지속된 경기침체 이후 계속된 공급부족으로 서울 수도권부터 차츰 가격이 오르기 시작한 2016년이다. 이때부터 지금까지 풀린 통화량만으로 보면 2016년을 시작으로 2017년, 2018년도 계속 부동산가격이 올라야 정상인데 정부의 강력한 대출규제, 다주택자와 재건축 규제정책으로 인위적으로 부동산가격을 누르고 있는 상태다. 돈은 시중에 이미 풀렸는데 돈이 갈 곳이 없으니 현재 주식 값이 계속 오르는 이유가 아닐까 생각해 본다.

28.3% 평균선 아래에는 화살표로 표시한 하얀 골이 두 개 형성되어 있는데 이것은 부동산가격의 침체기로 한 개는 IMF 위기의 골이고 넓게 분포된 두 번째 골은 거의 7~8년 지속된 2008년 미국 금융위기의 골이다. 또 IMF는 국내 외환의 부족으로 온 국내문제였으므로 이것은 일시적인 문제가 아니라 오랫동안 점점 나빠져 오다 나락으로 떨어졌음을 알 수 있고, 2008년 미국 금융위기는 미국의 문제였으므로 통화량이 전혀 문제가 없이 오다가 갑자기 떨어졌음을 이 통화량 그래프만 보더라도 알 수 있다. 과거의 데이터지만 통화량만으로 과거 부동산가격의 오르내림이 한눈에 보이듯이 수수께끼가 풀리는 느낌은 비록 필자만이 느끼는 것이 아님을 이 통화량 그래프를 자세히 보면 분명 알 수 있을 것이다.

종자돈 모으기

1) 돈보다 먼저 관심을 모아라

"돈도 없는데 무슨 부동산투자야?"

"부동산투자? 그것도 돈이 있어야 하지."

부동산투자 아카데미 혹은 부동산공부에 대해 말하면 보통사람들은 돈도 없는데 무슨 부동산투자 공부를 하느냐고 고개를 흔들거나 손사래를 치며 아예 관심조차 보이지 않는 사람이 대부분이다. 그런데 정말 돈이 없으면 부동산투자를 못하는 걸까? 과연 그럴까? 지금 부동산으로 많은 재산을 모은 사람들은 돈을 얼마나 갖고 시작했을까? 이번 꼭지에서는 부동산투자를 하는데 있어서 돈이 먼저일까 아니면 관심이 먼저일까? 하는 문제를 생각해보고자 한다. 여기에 대한 생각이 올바르지 않으면 여러분의 미래는 크게 달라질 수밖에 없다.

내가 부동산 사무실을 시작한 가장 큰 이유 중 하나는 돈을 벌기 위해서였다. 돈을 그냥 버는 것이 아니라 많이 벌기 위해 부동산 공부를 시작했다. 그때는 정말 돈을 많이 벌고 싶었다. 이 이야기를 하려면 나의 개인적인 이야기를 좀 해야 한다. 한국에서도 재수를 하여 81년 대학에 들어갔고 군대를 제대한 후 복학하여 졸업도 하지 않고 일본으로 유학을 갔는데, 일본에서도 87년 첫 해 대학시험에 떨어지고 다음 해인 88년 시험에 합격, 89년 4월에 입학을 했다. 그리고 그로부터 졸업하는데 2년이 더 걸려 1995년 3월에 졸업했다. 공부만 할 수 있는 상황이 아니었고 생활도 하며 대학을 다녀야 했기 때문에 6년 만에 대학을 졸업한 셈이다. 일본에서 계속 살 작정이었으나 개인적인 사정으로 어느 날 무작정 한국으로 귀국하여 살게 되었다.

1995년 6월 20일 귀국해서 직장을 열심히 알아보았는데 그때 그런대로 괜찮은 입사조건이라고 생각하여 면접을 보러 가보면 대부분 정수기 영업사원을 모집하는 회사였다. 넓은 홀에 사람들이 그룹별로 삼삼오오 둘러앉아 아자아자, 파이팅! 구호를 외치고 하는 모습이 꼭 무슨 다른 세상에 와 있는 듯이 적응되지 않는 비현실적인 광경이었다.

'그래도 내가 일본 명문대학에서 유학을 하고 왔는데 어떻게 이런 곳에서 시작할 수 있어? 아직 여기까지는 아니야.' 이런 마음이 있었지만 내 나이 35살, 먹고는 살아야 하고 배운 것이 그거라고 결국 외국어학원 일본어 강사로 들어갔다. 95년 12월 무렵이었다. 직장인과 대학생, 주부를 대상으로 새벽, 밤에 주로 강의를 했고 낮까지 종일 강의를 해도 월급 200만 원을 넘기기가 쉽지 않았다. 나이는 먹었는데 그 월급으로는 미래가 보이지 않았다. 가정의 문제는 경제적 문제가 가장 크다는 생각도 들었고, 개인적으로도 몸이 많이 지쳐 있었고 심리적으로도 많이 피폐해 있었던 때라 그즈음부터 돈을 많이 벌고 싶은 욕구가 강하게 일어났다. 어떻게 하면 돈을 많이 벌 수 있을까 고민을 계속해오던 차에 당시 대학생이었던 나의 일본어 강의 수강생의 아버지가 부동산 경매로 돈을 많이 번다는 이야기를 듣고 내 머릿속이 순간 번쩍했다. 그래, 부동산이다, 부동산을 하면 돈을 많이 벌 것 같다는 생각이 들었다. 그때가 1996년 겨울, 거리엔 크리스마스 분위기가 무르익고 당시 인기였던 드라마 '애인'의 주제가 I O U라는 노래가 가는 곳마다 흘러나올 때였다.

내가 다니는 학원 근처에 공인중개사 시험 대비를 하는 한국공무원학원이란 곳이 있어 거기에 등록을 했다. 낮에 빈 강의 시간에 다녔다. 당시는 지금과 다르게 2년에 한 번 시험이 있었고 직전 시험인 95년 시험은 너무 어려워 10만 명이 넘게 시험을 봤는데 합격생이 8백 명 정도였다고 했으니 지금과는 비교도 할 수 없이 어려워 중개고시라고 할 정도였다. 학원에도 고등학교 때처럼 매달 모의고사가 있어 결과가 나오면 우수한 성적을 받은 사람들은 학원에 늘 벽보를 붙여 놓아서 숨을 조리며 쳐다보았던 기억이 난다. 100명 이상이 다니는 학원에서 모의고사 성적은 늘 10등에서 20등 사이로 안정권이라고 생각하는 10등 안은 좀처럼 들어가지 못했다. 그래서 97년 6월에 직장인 학원에 사표를 내고 본격적으로 공부를 했고 시험 보기 한 달 전에는 독서실에서 숙식하며 마지막 정리를 했다. 그렇게 책갈피가 내 손때로 새까매질 때까지 총 1년여를 공부하여 97년 11월 겨우 턱걸이로 합격을 했다. 이때가 IMF 외환위기를 발표할 즈음이었다. 그리고 3개월간 술만 마시며 보내다가 98년 2월 럭키부동산이란 이름으로 개업을 했다. 왜 상호가 럭키이고 전화번호가 6777이었는지 이 책 프롤로그를 읽었다면 아마 감이 오는 사람은 올 것이다. 마음은 페가수스 부동산, 쓰리쎄븐 777부동산이라고 하고 싶었다.

나는 개업하여 내가 부동산에 입문하게 된 계기가 되었던 경매를 전문으로 하는 부동산을 시작했다. 지금도 잘 못하는 컴퓨터 실력으로 스스로 경매정보 책자를 만들어 회원들에게 보냈다. 당시에는 법원 경매법정에 경매를 보러 다니는 사람은 거의 없었다. 여러분도 IMF

때의 분위기를 잘 알듯이 부동산가격은 고금리를 이기지 못해 가격이 내려도 살 사람이 없었고, 이자를 갚지 못해 경매로 내몰리는 물건은 부지기수였던 시대였다. 그러니 내가 보내는 경매정보를 통해 경매에 참여하여 싸게 산 투자자들은 얼마 안 가서 돈을 벌기 시작했다. 이런 분위기에 편승해 나도 형편이 되는 대로 부동산을 하나둘 사기 시작했다. 그런데 무슨 돈으로 부동산을 샀을까. 난 부동산 사무실 개업을 할 때 직장 다니는 친구 보증을 세워 500만 원을 농협에서 빌렸다. 그리고 보증금 300만원에 월세 30만 원 정도의 10평 남짓 하는 사무실을 빌려 중고 책상과 컴퓨터를 놓고 시작했다. 그리고 그날부터 경매정보지를 만들기 시작했다. 그때 나에게는 부동산투자로 돌릴 수 있는 돈은 수중에 한 푼도 없었다. 그런데 어떻게 부동산을 하나둘 살 수 있었을까? 바로 여기가 이 주제의 핵심이다. 부동산투자는 돈이 있다고 시작할 수 있는 것도 아니고, 또 돈이 없다고 시작할 수 없는 것도 아니다. 나의 부동산 첫 투자였던 물건은 2,500만원에 사서 몇 년 뒤 9,500만원에 판 것이었는데 살 때 은행에서 대출을 3,000만 원을 해주어서 오히려 몇 백만 원이 남았다. 이런 물건이 돈 없다고 아예 관심조차 없는 사람에게 어떻게 정보가 닿을 수 있을 것인지 심각하게 생각해 보기 바란다.

돈이 아무리 많아도 부동산투자를 하려면 우선 관심을 갖고 있어야 한다. 관심을 갖고 또 배워야 한다. 물론 과거 부동산 관련법이 전혀 없었을 때는 사놓기만 하면 벌었다. 그리고 당시는 부동산을 잘 몰라 사기를 당하는 사람도 부지기수였다. 한국만큼 부동산 사기가 많은 나라가 없다고 할 정도였다. 모르면 속이기도 속기도 쉬운 법이다. 그런데 관심을 가지면 알게 되고, 알면 부동산이 보이기 시작한다. 소위 돈이 보이는 것이다. 돈이 되는 메커니즘이 눈에 보이기 시작하면 그때부터 나도 해야겠다고 조금이라도 좋은 물건을 찾는데 늘 집중하게 된다. 그것이 관심의 깊이이고 관심의 결과인 셈이다. 그러다 좋은 물건을 만나게 되면 그 물건을 손에 넣기 위한 온갖 아이디어를 다 동원하는 최선의 노력을 하게 된다. 이 모두 관심의 결과다.

'궁하면 통한다' 하고 '지성이면 감천'이라 했듯이 이럴 때 우리 삶은 우리에게 노력한 보람을 선사한다. 물론 한 푼도 없이, 아니면 적은 돈으로 하루아침에 아주 크고 좋은 물건을 살 수는 없겠지만 그래도 우리 삶은 묘하게도 절실하면 한 계단 한 계단 밟고 오를 수 있도록 징검다리를 놓아준다. 관심을 갖고 절실히 원하면서 이 징검다리를 하나하나 밟고 가다보면, 어느새 아주 크고 좋은 물건에 도달한 자신 혹은 큰 부를 이룬 자기 자신을 발견하게 되는 날이 온다. 그러니 '돈보다 우선 관심을 모아라!' 이 문구는 2005년경, 열심히 살다 어느새 돌아보니 난 많은 것을 이루었구나 싶었을 때, 추운 겨울이 지나고 따뜻한 봄으로 바뀌었을 때, 사무실 선팅을 노란색에서 푸른색으로 바꾸어 갈면서 사무실 입구 큰 유리창에 내붙인 문구다. 나에게 지금 돈이 없다는 것은, 여러분이 어떤 관심을 갖고 어떻게 노력하느냐에 따라 그것은 단지 제대로 시작하고 성공할 요건을 갖추었다는 전제에 불과하다. 그리고 지금 시대는 돈보다 오히려 지혜와 철학이 더 필요한 시대다.

2) 돈은 돈일 뿐 투자에서 더 가치 있는 돈이란 것은 없다

(1) 땀 흘려 일해서 번 돈 300만 원

(2) 소유 부동산으로 받은 월세 300만 원

(3) 한 달 전 투자한 주식으로 번 돈 300만 원

(4) 도박으로 딴 돈 300만 원

(5) 복권당첨 상금 300만 원

(6) 부모님이 주신 용돈 300만 원

(7) 길 가다 주운 돈 300만 원

(8) 친구에게 빌린 돈 300만 원

(9) 은행 대출금 300만 원

(10) 현금서비스받은 300만 원

위 10가지 돈 중에 여러분은 어떤 돈을 가장 가치 있고 소중한 돈이라고 생각하는가? 반대로 가치를 가장 낮게 부여하는 마지막 열 번째는 어떤 돈인가? 이 질문을 열 명에게만 해 보아도 각자 돌아오는 답이 조금씩 다르다. 같은 금액의 돈이지만 각자 가치를 다르게 부여한다는 말이다. 열에 다섯은 (1)번 땀 흘려 일해서 번 돈을 가장 가치를 높게 부여하고 두 명 정도는 (2)번으로 소유 부동산으로 받은 월세라고 답한다. (1)번이 가장 높게 나온다는 것은 같은 돈이라도 사람들은 역시 노동의 대가로 나오는 돈을 가장 귀하게 생각한다는 증거다. (2)번 부동산으로 버는 돈은 실제로는 그렇지 않지만 왠지 땀을 흘리지 않고 버는 돈이라는 느낌이 들어 노동소득보다 가치를 두지 않는다. 또 열에 한둘은 부모님이 주신 용돈이 최고 가치 있는 돈이라고 생각하는 사람이 있고 또 친구에게 빌린 돈을 가장 가치 있게 생각하는 사람도 있다. 가장 가치를 낮게 보는 돈은 예상했던 대로 (7)번으로 길 가다 주운 돈을 제일 많이 꼽았다. 개인적으로 필자도 같은 질문을 받았다면 (6)번 부모님에게 받은 용돈을 가장 가치 있는 돈이라고 답했을 것 같다. 그러면 필자는 단지 사람들이 어떤 돈을 가장 가치 있는 돈으로 생각할까 궁금해서 이 질문을 한 것일까. 아니다. 내가 이 질문을 한 이유는 조금 다른 말을 하고 싶어서이다.

우리는 보통 같은 돈 300만 원을 두고 그 돈의 출처에 따라서 각자 다른 의미를 부여한다. 똑같은 돈 300만 원을 두고 출처에 따라 자기 감정을 이입시키는 것이다. 이것은 어떻게 보면 매우 당연한 것처럼 보이지만 사실은 그렇지 않다. 돈을 다루는 측면으로 보면 이런 인식은 아주 다른 결과를 가져오기 때문에 그렇다. 돈 300만 원을 출처에 따라 다른 감정을 가지는 것은 개인적으로는 충분히 이해되지만 돈을 다룸에 있어, 투자에 있어서 이런 인식은 아주 나쁜 결과를 가져온다. 법륜스님이 즉문즉설을 할 때 물컵을 들고 이 컵이 물병보다 큰가 작은가, 뚜껑보다 큰가 작은가 하고 묻는 장면이 있다. 물컵은 크지도 작지도 않은 그냥 물컵일 뿐인데 사람들이 자꾸 물병과 뚜껑과 비교를 하면 그 결과 물컵이 크다고 혹은 작다고 인식한다. 나는 작지도 크지도 않은 나일 뿐인데, 나는 못나지도 잘나지도 않은 그냥 나일 뿐인데 자꾸 다른 사람과 비교해서 나를 나쁘게 보고 못나게 보아서 열등의식에 사로잡힌다고 설명을 한다. 그렇다. 돈 300만 원은 물컵보다 더 확실한 똑같은 돈 300만 원이다. 그런데 그 출처에 따라 사람들은 다르게 인식한다. 이런 인식의 차이로 인해 결국 돈을 가볍게 쓰게 된다. 어떤 300만 원이든 개인의 대차대조표에 수입으로 잡히는 것은 같다. 돈은 어떻게 버는가 하는 것도 중요하지만 나에게 들어온 돈을 어떻게 지키고 쓰는지 또한 매우 중요한 부분을 차지한다. 이런 인식의 차이가 모처럼 들어온 돈을 지키지 못하고 아주 쉽게 쓰게 만들기 때문이다.

투자를 생각하는 사람은 돈은 어디에서 생겼건 앞으로 똑같은 돈으로 인식하는 습관을 들여야 한다. 돈을 버는 것에도 투자니 투기니 구분하는 자체도 아무 소용이 없는 이야기다. 돈은 액면 그대로의 돈이다. 더도 덜도 없다. 이 생각이 잘 익숙하지 않으면 이렇게 생각하면 된다. 투자하는 사람은 자기 자신을 개인으로 생각할 것이 아니라 투자회사로 생각하면 된다. 자신을 투자회사라고 생각하고 의사결정을 하는 것이다. 개인이 아닌 투자회사라면 위의 300만 원은 출처야 어쨌든 간에 수입 300만 원으로 잡혀 다른 수입과 똑같이 지출을 하게 된다. 만약 여러분이 투자회사라면 노동해서 번 돈이니 아껴서 지출을 하고, 길에서 주운 돈이니까 쉽게 지출을 해도 된다고 생각하겠는가. 돈은 그냥 돈일 뿐이다. 돈에 감정을 실으면 안 된다. 돈은 감정을 싣지 않고 차가운 이성으로 다루어야 한다. 투자회사처럼 원칙과 시스템을 만들어 원칙을 기계처럼 지켜야 한다. 이것은 아주 중요한 돈을 다루는 지혜이다.

내가 대학에서 강의를 할 때 학생들에게 100만 원 종자돈 모으기 프로젝트를 과제로 내준 적이 있다. 한 학기니까 100일 정도의 시간을 부여했고, 대상은 대학교 3학년 학생이었다. 이 과제의 목적은 여러 가지가 있다. 우선 돈을 생각하는 것이고 돈을 모으는 데는, 즉 돈을 어떻게 벌 것인가의 문제가 있고 번 것을 지키는 데에는 무엇이 필요한가를 알게 하는 것이며, 돈에 대한 목표를 세우고 수행하는 과정을 통해 자기 한계를 시험하는 장으로 활용하기 위해서이다. 이 종자돈 모으기를 해보면 학생들이 과제에 임하는 태도가 매우 다양하다. 우선 불가능하다고 아예 미리 포기하는 사람, 자기 한계를 미리 짓고 마음대로 액수를 줄여서 계획하는 사람, 조금 해 보다 포기하는 사람, 끝까지 이루어내는 사람은 40명 중 거의 1~2명 수준에 불과하다. 물론 이루고 안 이루고 결과만 중요한 것이 아니라 실패를 하더라도 그 과정은 개인적으로 다 소중한 경험이 된다. 그런데 대체적으로 학생들이 돈에 관련된 목표를 이루겠다는 의지가 약하다. 대부분 부모님에게 용돈을 받아쓰는 학생이 많아서이기도 할 것이다. 그리고 대부분 자기감정을 많이 개입시켜 의사결정을 한다. 학생들이라 돈을 모으는 것은 쉽지 않지만 누구든 일찍 포기하면 아무것도 얻는 것이 없다는 것 외에 배우는 것이 없다. 만약에 이때 자신이 투자회사라고 인식을 하고 그래서 어떤 제품을 출시하기 위해 3개월 안에 100만 원을 꼭 만들어야 한다면 어떤 행동과 아이디어를 낼까. 또 개인이라도 이 프로젝트 수행이 회사 취업의 면접 요건이라면 어떻게 수행하는 태도가 달라질까? 좋아하던 여자친구 또는 남자친구가 갑자기 중병으로 병상에 누워 있어 안타까운데 그 친구가 평소에 갖고 싶어 하던 선물이 있었는데 그 비용이 100만 원이라면 태도는 어떻게 달라질까. 우리가 돈을 왜 모아야 하는지 인식과 동기부여를 어떻게 하느냐에 따라 돈을 다루는 체험의 과정에는 무한한 배움이 기다리고 있다. 100만 원을 모으기 위해 나는 한 달에 30만 원, 1주일에 10만 원, 하루에 2만 원 등 세부적으로 쪼개어 가면 매일 매시간의 목표가 생긴다. 그 목표를 이루고 못 이루는 것에서 생기는 노력들, 성과들, 감정들, 아이디어들이 모이고 모여서 결과적으로 실패도 경험하고 성공을 경험하기도 한다. 성공은 어떤 일을 행한 결과로만 나타나는 것이 아니다. 그 과정에서 성공을 만나기도 한다. 그리고 아무리 작은 것이지만 그것을 성공으로 이끈 그 과정에서 겪은 소중한 경험들이 큰 성공을 결국 만들어낸다. 다음은 100만 원 모으기 프로젝트에 참여한 학생의 중간 소감을 나에게 톡으로 보내온 것이다.

"100만 원 통장을 알바비 급여통장으로 정해서 현재 35만 원이 입금되어 있다. 앞으로 3개월 동안은 계속 알바비 수입전액을 입금할 생각이다. 알바비 없이 용돈으로 지난 한 달을 생활해 보았는데 식비를 줄이고 쇼핑비를 줄였더니 어느 정도 살 수 있었다. 그 사이 추석도 있어서 용돈이 더 들어왔었고 100만 원 통장에 100만 원이 들어올 때까진 계속 이렇게 살 생각이다. 생각보다 잘 살아지는 게 신기했다. 100만 원으로 어디에 투자할지는 아직 생각 중이지만 재밌을 것 같다. 뿌듯하기도 하고. 성취감을 위해서, 화이팅!" -조*윤.
이 학생의 소중한 경험들은 다음에 천만 원, 1억, 10억을 모을 때도 유용하게 활용될 것이라고 생각한다.

투자를 하기 위해서는 자금이 있어야 한다. 돈이 크게 들지 않는 갭투자를 하려고 해도 일단 3천만 원이든 5천만 원이든 있어야 시작을 할 수 있다. 10억, 100억이 목표이더라도 우선 천만 원, 1억을 모아야 시작할 수 있다. 천만 원을 모으지 못하는 사람은 당연히 1억, 10억을 모을 수 없다. 돈을 모으고 싶으면 일확천금을 꿈꾸면 안 된다. 갑자기 1억을 누가 줄 리도 없고 또 10억이 갑자기 생기는 경우는 없다. 티끌 모아 태산이 되고 천리 길도 한 걸음부터다. 10억을 모으고 싶으면 우선 천만 원, 3천만 원 모으는 것에 집중을 해야 한다. 내 월급이 300만 원인데 1년에 천만 원, 3년에 3천만 원을 모으기로 목표를 정했으면 쓰고 남는 것을 저축할 것이 아니라 1년에 천만 원을 무조건 모아야 한다. 월급을 받으면 바로 적금통장으로 80만 원씩은 자동이체가 되도록 만들고 나머지로 생활을 맞추어야 한다. 돈을 모으는 방법에 대해서는 이즈미 마사토는 '돈의 교양'이란 책에서 2:6:2 방법을 제시했다. 월급이 100이면 20%는 저축을 하고 60%는 생활비로 쓰고 20%는 자기투자를 하라고 한다. 돈을 모을 때는 목표에 맞게 나름의 기준을 세워야 한다. 그리고 목표와 기준을 세웠으면 아무리 어려워도 끝까지 지켜내는 훈련이 필요하다. 그 훈련이 밑바탕이 되어 부의 그릇도 점점 커지는 셈이다. 돈도 그렇고 돈을 모으는 것이든 무슨 일이든 그 자체가 어려운 것은 없다. 우리가 결국 어떻게 인식하는가에 달려 있다. 이 세상의 어떤 투자귀재도 처음엔 소액의 종자돈으로 시작했다. 그러므로 종자돈 3천만 원을 잘 모으는 사람은 10억, 20억 부자의 꿈도 멀지 않다. 적은 돈이라도 종자돈을 우선 모으자.

3) 당신의 전세금은 부자가 되고 싶은 사람들에겐 꿈의 종자돈이다

현재 나에게 전세보증금 3억이 있다면 이것을 소유로 돌리면 은행에서 대출을 하여 최소 2억 원 정도는 투자로 돌릴 수 있는 목돈을 쥘수 있다. 매달 은행이자도 갚아야 하는데 도대체 2억 원으로 어디에투자하냐고 묻고 싶은가? 또 만약 월세로 전환하면 최소 2억5천만 원정도의 목돈을 활용할 수 있다. 자본주의 경제에서 이런 목돈을 적극적으로 활용하지 못하면 부자가 될 수 없다. 이 장에서는 돈의 원리중, 돈의 적극적인 활용에 대하여 살펴보자.

최근 아파트 갭Gab 투자가 화제가 되었다. 이 아파트 갭 투자도 다른사람의 전세보증금을 이용하여 집을 사는 것이다. 최근 2~3년 전부터전세가가 계속 올라 매매가의 80% 이상에 육박하자 일부 지역은 갭 투자가 유행처럼 퍼지기 시작했다. 갭 투자란 최소의 자기자본으로 하는투자방식을 말한다. 매수 후 주택가격이 상승한다면, 최소의 자본으로최대의 차익을 누릴 수 있다는 사실이 장점이다.

예를 들어 현재 전세가 3억 원인 주택의 매매가가 자꾸 내려 3억4천만 원이라면, 자기자본 4천만 원만 있으면 3억4천만 원짜리 집을 살 수있다. 매수 후 4억까지 가격이 상승한다면, 4천만 원 갭 투자로 5천만원이라는 돈을 벌 수 있다. 아파트 매매가격만 상승하면 소액으로도 큰 시세차익을 얻을 수 있는 것이 갭 투자의 장점이지만 반대로 매매 가격이 상승하지 않는다면 큰 실패를 가져올 수도 있다. 그런데 내가 갭 투자를 여기서 거론한 이유는 다른 사람의 전세보증금을 이용하여 투자를 한다는 점을 강조하기 위해서이다.

이대우 씨는 최근 오피스텔을 경매로 5천만 원에 낙찰받았다. 잔금은 금융기관의 경락잔금대출을 이용해 3천5백만 원을 대출받고 나머지 잔금과 원소유자에게 이사비로 들어간 명도비용과 법무사 소유권 이전비용과 경매컨설팅 비용으로 들어간 취득비용을 포함해 자기자금 2천만 원이 들어갔다. 경락받은 오피스텔은 근처 공인중개사 사무실에 임대관리를 맡겨 현재 임대 중에 있는데 보증금 500만 원에 월세 50만 원을 받고 있다. 그러면 보증금으로 500만 원을 회수했으니 자기부담금은 1,500만 원으로 줄어들었고, 연 월세 600만 원으로 금리 3.8%인 3,500만 원 은행대출의 연 이자 133만 원을 갚으면 467만 원이 남는다. 만약 전세보증금 2억을 활용하여 위와 같은 투자를 했다면 이런 투자 13개를 할 수 있어 가만히 묶어놓을 수밖에 없었던 돈으로 연 6,211만 원이라는 놀라운 수익을 벌어들일 수 있다.

부와 성공이란 열심히 회사에 다녀 돈을 벌어 가족을 위해 살면 얻어지는 결과가 아니다. 그것은 부와 성공이 어느 날 갑자기 하늘에서 툭 떨어져주는 것이라고 생각하는 것과 같다. 자본주의 경제하에서는 자본인 돈을 얼마나 잘 활용하는가의 게임이다. 부자는 이 게임에서 승리한 결과이다. 그러므로 돈의 원리를 모르면 부자가 될 수가 없다. 대부분의 사람들은 남의 돈을 활용하기는커녕 자기 돈도 활용할 줄 모른다. 그러니 돈의 원리를 아는 사람에게 그 기회가 다 돌아가게 된다. 활용은 하고 싶지만 그러다 잘못되면 가족의 생계는 과연 누가 책임지느냐고 말하고 싶은 사람은 지금 이 책을 조용히 덮고 기존에 하시던 가족부양에 매진을 하시기 바란다. 그렇게 사는 것도 하나의 인생이다. 그러나 부자가 되고 싶은 사람은 이런 리스크를 감수해야 한다. 돈을 많이 벌고 싶다고 말하는 사람이면 본전을 다 잃고, 내 가족이 위기에 빠질 수 있는 위험도 감수해야 한다.

여러분이 그렇게 원하는 자본주의의 화폐인, 돈은 원래 은행에서 발행한 고객이 맡겨놓은 금 보관증이었다. 금을 맡겨야 금 보관증을 받을 수 있었으니 그때의 돈인 금 보관증은 실제 가치가 있는 것이었다. 그것이 금본위제라는 것이다. 지금은 금본위제가 없어져 돈을 옛날처럼 실제 가치가 있는 금덩어리가 있어야 되는 것도 아니고 그냥 정부에서 찍어낸 종이쪼가리에 불과하다. 이런 허상의 돈이 세상을 바꿀 정도로 강력한 힘을 발휘한다. 이것이 자본주의 경제의 돈이다. 자본주의 경제에서 돈을 번다는 것은 일면 다른 사람의 돈을 빌려서 내 돈을 불리는 것이고, 일면 다른 사람의 돈을 그 사람 모르게 합법적인 방법으로 뺏어오는 것과 마찬가지다. 가만히 있으면 내 돈은 그대로인 것같이 보이지만 실상은 내 돈의 일부가 다른 사람의 수중으로 들어간 것이나 마찬가지다. 그런데 거기에 아무 위험이 따르지 않아야 된다고 생각하면 그건 돈의 원리를 모르는 것이고, 난 돈을 벌지 않고 가만히 앉아 손해보고 말겠다고 선언하는 것이나 같다.

부동산투자는 다른 어떤 투자보다 안전하다. 부동산투자가 안전하다는 것은 짧다면 짧고 길다면 긴 자본주의 역사에서 이미 증명이 되었다. 그러니까 은행에서 부동산을 담보로 돈을 잘 빌려준다. 고객이 맡긴 금 보관증으로 최초로 돈이라는 것을 만든 은행이 자본주의 돈의 원리를 가장 잘 아는 집단이다. 그런 은행이 제일 돈을 잘 빌려주는 것이 부동산이다. 물론 자기 돈으로 빌려주는 것도 아니지만. 너무 잘 빌려주고 많이 빌려주어서 정부가 나서서 막는 것이 바로 한국이 가장 최근에 발표한 9.13부동산대책이다. 가만히 두면 끝도 없이 가격이 오를 것 같으니까, 가만히 두면 끝도 없이 은행에서 돈을 빌려줄 것 같으니까 정부에서 국민지지도가 떨어질 수 있는 데도 불구하고 강력한 대책도 불사하게 된다. 주식 값이 오른다고 이렇게 강력한 정책을 쓰는 것을 본 적이 있는가. 주식은 정부에서 큰 힘을 기울이지 않아도 알아서 가격이 떨어진다. 그만큼 변동성이 큰 투자 상품이란 것을 이미 자본주의는 경험으로 알고 있다.

지금까지 자본주의 돈의 원리를 이용하여 목돈을 적극적으로 활용하는 측면에서 부동산투자를 이용하는 방법에 대해서 알아보았다. 거기에는 필수적으로 리스크가 따름을 부연 설명했다. 전세가 좋은지 월세가 좋은지 혹은 소유할까 전세 살까 늘 궁금한 사람들은 이 정도만 설명해도 알아듣지 않았을까 싶다. 밥상을 차려주었으면 여러분의 밥은 여러분의 손으로 드시기 바란다. 남의 돈을 활용하기는커녕 자기 돈도 활용하지 못하면 부자는 단지 여러분의 꿈으로 그칠 뿐이다. 이 글을 쓰는 2017년 8월 9일 아침 내내 빗소리가 들린다. 아~빗소리 아시죠? 오늘은 원고 잠시 쉬고 온 대지와 함께 모처럼의 이 비를 축하해야겠다. 여러분의 성공투자를 빈다.

 추천 성공투자 도서 ❸

부정을 긍정으로 바꾸는 힘 박용철의 '감정은 습관이다'

지출-소비적 지출을 줄이고 투자적 지출을 늘려라

우리가 투자를 하는 이유는 여러 가지가 있을 수 있지만 궁극적으로는 돈을 벌기 위함이란 것에는 반론의 여지가 없다. 그런데 투자를 하기 위해서는 투자 전에 우선 돈을 모으는 과정을 필수적으로 거쳐야 하기 때문에 종자돈 모으기에서 그 중요성도 설명했다. 그리고 이 모으기만큼 중요한 일이 또 돈을 잘 쓰는 것이다. 돈을 잘 쓰는 것이란 어떤 것을 말하는가. 이 장에서는 돈을 잘 쓰는 법, 즉 지출하는 방법에 대하여 생각해 보기로 하자. 지출을 세부적으로 나누면 생각하기 편리하다. 보통 지출에는 낭비, 소비, 투자 이렇게 세 가지가 있다. 굳이 낭비, 소비, 투자의 내용에 대해서 설명할 필요까지는 느끼지 않는다. 아무튼 우리가 돈을 쓰면 대략 이 세 가지 중 어느 하나에 속한다고 보면 된다. 당연히 낭비를 없애고, 소비는 최소한으로 하고 투자를 많이 하는 것이 좋은 것이다. 그런데 생각해보면 너무 쉬운 이것을 사람들은 왜 잘 못할까? 바로 인간의 욕망과 결부된 낭비와 소비를 제대로 구분하지 못해서 그렇다. 우리가 신이 아닌 이상 그것을 칼로 무를 자르듯 딱 구분할 수는 없다. 다만 지출에는 이 세 가지가 있다는 것을 의식만 하고 살아도 조금은 다르게 세상이 보인다.

여러분이 버는 돈을 단지 소비하는데 필요한 돈이라고 생각하지 마라. 벌어서 소비하는 데만 다 쓰면 말짱 도루묵이다. 겨우 번 돈을 소비하는 데만 쓰는 것은 너무 아깝잖은가. 최소한의 생계는 유지해야 하지만 그러면 돈을 버는 의미가 없다. 생계유지라는 것도 수입이 늘어나 삼백만 원 벌 때도 생계유지고 오백만 원 벌 때도 생계유지면 잘못된 것 아닌가. 물론 오백만 원 벌 때는 품위유지라는 이름으로 살짝 바꾸어 소비를 하지만 결국 비슷한 것이다. 이런 유지만 하는 데, 이런 소비만 하는 데 쓰는 돈은 죽은 돈이다. 말 그대로 종이 쪼가리다. 여러분의 돈에 생명을 불어넣어 연어처럼 다시 돌아오게 해야 한다. 돈을 살아있게 만들어야 돈이 활동하게 할 수 있고 돈에게 일을 시킬 수 있다. 돈에 내 혼을 담고, 돈을 벌어 좋은 일을 많이 하고 싶어 하는 간절한 내 마음을 돈에 담아야 한다. 그러면 자연스럽게 돈을 쓰는 데 신중해지고 돈이 어떤 일을 해야 할지 수많은 아이디어가 생기는 대로 돈에 그 마음이 전달된다. 돈에 대한 이미지도 좋게 가진다. 돈을 좋게 생각해야 하는 것도 돈에 내 혼이 담겨 있기 때문이다. 돈에 생명을 불어넣어 돈에게 일을 시켜야 한다. 국가예산에 낭비가 많은 것도 국가의 돈에는 국민의 혼을 불어넣는 사람이 없고, 국민의 감정을 이입시켜 돈에게 일을 시키는 사람이 없기 때문이다.

돈을 자꾸자꾸 새로운 돈을 만들어내는 자산을 만드는 데 그 돈을 써라. 여러분이 버는 월급, 수입을 그런 자산을 만드는 지렛대로 써라. 돈이 돈을 번다. 이 말은 돈 많은 사람은 돈을 많이 벌 수밖에 없다. 돈이 많은 사람은 돈을 벌기 유리하다로 편하게 받아들일 것이다. 아니다. 필자는 생각이 다르다. 돈이 돈을 번다는 투자의 원리를 말하는 것이다. 돈이 돈을 번다는 것은 기본적으로 돈을 이용해야 된다는 말이다. 내가 가진 돈이건 다른 사람, 은행이 가진 돈이건 돈을 잘 활용해서 돈에게 일을 시켜서 새로운 돈을 갖고 오게 만드는 방법이다. 그게 바로 매달 매일 수익을 가져다주는 부동산, 주식, 사업체 등 자산이다. 필자는 자주 이야기한다. 자본주의에서 은행이 가장 돈을 잘 알고 돈에게 일을 잘 시키는 부류이다. 그런데 기본적으로 은행도 자기 돈으로 일을 시키는 것이 아니다. 전부 이자를 주고 빌려 온 돈에게 다시 일을 시키게 된다. 은행이 "난 빚지고는 못 산다", "빨리 갚아야 하는데" 등등의 말을 한다고 생각해보라. 어떤 느낌인가. 아마 바보라고 생각할 것이다. 그렇지 않은가. 필자가 빚지고 못 산다는 말을 하는 분에게 답답하다고 느끼는 심정을 조금 이해하시겠는가. 은행은 돈에게 어떻게 일을 시킬까? 어떻게 하면 돈에게 더 많이 안정적으로 벌게 할까? 이런 고민들이 은행의 사업방향으로 자리 잡고, 개인적으로는 안정적인 자산 매입, 시내중심, 차익이 큰 곳, 토지가 많이 딸린 것에 투자하게 되는 이유이다.

우리 주변의 사람들을 보면 돈이 생기면 투자적 지출을 주로 하는 사람이 있고, 소비적 지출을 주로 하는 사람이 있다. 투자적 지출에 몰두하는 사람은 하나씩하나씩 결과가 쌓여 더욱더 투자적 지출을 많이 하는 습관을 가지게 되어 어느새 부를 갖게 된다. 그러나 소비적 지출을 많이 하는 사람은 늘 자기가 소비하는 돈에 쫓기는 스트레스로 인해 돈이 자기에게 머무를 시간이 없으므로 돈이 생기면 더욱더 소비적 지출에 집착한다. 투자적 지출은 선순환으로 이어지고 소비적 지출은 악순환으로 이어진다. 돈을 지출하는 습관이 어떤 사람에게는 자유와 행복을 주고, 어떤 사람에게는 불행의 씨앗이 된다. 다시 한 번 강조하지만 지출은 낭비, 소비, 투자가 있다. 가능한 낭비를 포함한 소비적 지출을 줄이고 투자적 지출을 늘려라. 돈에게 끊임없이 일을 시켜

라. 지갑에서 돈이 나갈 때조차도 지금 나가는 이 돈에게 어떤 일을 시켜 내보내는지 늘 의식하라. 우리의 맑은 정신과 육체를 위해서 우리가 사는 집을 늘 깨끗하게 청소하듯이 우리의 혼이 담긴 돈이 사는 장소인 지갑도 항상 깔끔하게 정리하여 돈이 일하러 나가고 들어오는 통로의 환경을 맑게 하라. 언제까지 "어? 지갑에 돈이 없네." 하면서 살 것인가.

마지막으로 일본의 이즈미 마사토가 쓴 '금전지성'에 나오는 돈과 다이어트의 관계를 소개하며 이 장을 맺을까 한다.

〈돈과 다이어트의 관계〉

살을 빼듯이 낭비를 줄이고
조깅을 하듯 저축을 하고
근육운동을 하듯 자산운용해라

하루에 무리하게 몇 킬로를 빼면 안 되듯이
돈도 하루아침에 모이는 것이 아니다

장기적인 안목으로 목표를 설정하고

무리하지 않는 범위 내에서 실천하고

무조건 꾸준히 습관을 들여야 한다.

chapter

2

김박사의
톡톡 튀는
부동산 투자철학

투자는 기술이 아니라 철학이다

부동산투자를 성공투자로 연결시키기 위해 우리에게 중요한 것은 투자기술일까, 투자철학일까? 이 질문에 답하려면 투자기술이 무엇이며 투자철학이 무엇인지 우선 알아야 한다. 여기서 말하는 투자기술은 무엇이고 투자철학은 무엇인가? 왠지 알 것 같은데 금세 떠오르지는 않을 수도 있다. 그러면 투자기술과 투자철학을 이렇게 바꾸어 생각해보자. 투자기술은 투자지식으로, 투자철학은 투자지혜로 바꾸면 조금 이해하기 편할 수도 있겠다. 바꾸어 다시 질문하면 우리가 투자를 할 때 성공투자로 연결시키기 위해 중요한 것은 투자지식일까, 투자지혜일까? 이 질문에는 투자지식이 많아야 한다고 생각할 수도 있고 투자지혜가 많은 것이 중요하다고 생각할 수도 있으며 둘 다 중요하다고 대답하고 싶은 분들도 있을 것으로 생각된다. 부동산투자에 있어서 투자지식이란 아주 다양한 방면으로 한이 없다 할 정도로 많다. 부동산을 사고팔기 위해 수익률을 계산하고 가격을 분석하는 것, 수익률 계산을 위해서는 어떤 자료와 방법이 필요한 것을 아는 것, 가격을 분석하기 위해서는 어떤 다양한 요소들이 가격에 영향을 미치고, 그 영향을 가격으로 환산해내는 방법은 무엇인지 또 가격에 영향을 미치는 여러 요소 중 하나인 입지는 어떤 입지가 과연 얼마나 왜 좋은 것인지, 임장활동은 어떤 방법으로 어떤 요인들을 보아야 하는지 이런 다양한 것들은 투자지식에 속한다 말할 수 있다.

투자철학, 즉 투자지혜는 이런 다양한 투자지식을 적재적소에 잘 결합하여 적용하고 실제로 경험하여 얻어진 새로운 관점이나 새롭게 정립된 아이디어 같은 것을 말하며 투자지혜는 투자에 유용한 단편적 지식이 아니라 투자를 준비하고 시작하여 성과를 올릴 때까지 종합적인 관점에서 갖추어야 할 기본 마인드를 말한다. 물론 기존에 회자되고 있는 투자지혜를 언제 적용시키는지의 중요성을 아는 것도 포함해서이다. 그래서 투자지식보다 투자지혜가 더 넓고 종합적인 상위개념이라고 할 수 있으나 그렇다고 해서 투자지식이 꼭 많아야 투자지혜가 쌓이는 것은 아니다. 투자지혜는 지혜대로 투자에 임하는 기본지식과 마찬가지로 기본 마인드로써 이해하고 지식처럼 받아들이면 좋은 투자지혜들을 체득할 수 있다. 그리고 투자를 하면서 일어나는 여러 가지 외부환경에 맞서 뭔가를 선택하고 판단하고 결정하는 데에는 기술적인 부분, 즉 투자지식도 중요하지만 철학적인 부분, 이를테면 투자지혜가 훨씬 더 진가를 발휘함을 필자는 20년이 넘는 투자경험을 통해 체득했으므로 강조하고 싶은 마음이다.

물론 이런 투자지혜는커녕 단편적인 투자지식도 없이 부동산투자를 단지 돈이 있어 부동산을 사기만 하면 되는 것으로 생각하는 사람도 부지기수로 많다. 부동산을 사기만 하면 투자라고 생각하는 사람들은 가능한 싸게 사려고 하고 좋은 시기에 사려고 한다. 좋은 시기를 찾아 싼 가격에 사놓았으니 좋은 투자를 했다고 생각하는 것은 어쩌면 당연한 것인지도 모른다. 그것이 진짜 좋은 시기이고 진짜 싼 가격이라면 말이다. 그러나 이것은 결과를 보지 않으면 누구도 장담할 수 없다. 그리고 좋은 시기란 도대체 무엇이며, 원한다고 알 수 있는 것인가에서부터 시작하여 투자자의 능력에 따라 또 어디에, 어떻게, 얼마 동안 투자를 하느냐에 따라 좋은 시기란 얼마든지 달라질 수도 있는 것임을 아는 것은 투자지혜다. 또 싼 가격이란 단지 제시된 가격보다 더 싸게 사는 것이 중요한 것이 아니다. 제시된 가격을 떠나 진정한 가치 분석의 필요성을 알고 그 가치를 산출하여 제시된 가격과 비교 가능해야 한다. 부동산투자는 장기적으로 미래 가치를 보고 하는 만큼 가격에 얽매이는 것보다 조금 비싸게 사더라도 계약을 성사시켜 내 투자계획과 투자목적을 결국 실현하는 것이 더 중요하다고 아는 것은 투자지혜이다.

지금 내 앞에서 좋은 시기라고 말하고 싼 가격이라고 말하는데 내가 과연 이 사람을 믿어야 할지 말아야 할지는 지식으로 해결되는 부분이 어느 정도는 있지만 그 지식으로는 결정에 이르게까지 하기는 힘들다. 마지막 투자결정을 좌우하는 것은 지식보다 결국 감정과 욕심이 작용하게 된다. 이 감정과 욕심을 제어하는 것, 내 앞에 제시된 가격이나 내 앞에 있는 사람을 어떻게 믿을 것이냐 하는 것은 투자지식이 아니라 지식과 경험이 바탕이 된 투자지혜가 발휘되어야 할 부분이다. 부동산 투자지식만 많다고 부자가 된다면 공인중개사는 대부분 부자여야 한다. 부자가 되는 것은 기술이나 지식이 많다고 되는 것이 아니다. 부동산투자에서 투자기술이나 투자지식은 아무리 많이 갖고 있어도 투자철학이나 투자지혜가 중심을 받쳐주지 않으면 우리는 외부환경에 끊임없이 휘둘리고 망설이고 주저하여 그릇된 결정을 하게 되는 경우가 많다. 그래서 투자기술, 투자지식도 좋지만 투자철학을, 투자지혜를, 투자마인드를 기본적으로 정립하는 것은 아무리 강조해도 지나치지 않을 정도로 부동산투자에 있어서 매우 중요하다. 그래서 필자

는 언제나 투자철학을 강조한다. 다시 한 번 강조한다. 투자는 기술이
아니라 철학이다.

부동산투자도 사업이다

부동산투자도 사업이다. 사업 중에서도 아주 훌륭한 사업이다. 특히 머리를 많이 쓰고 아이디어를 많이 만들어야 하는 사업이므로 열정적으로 임하면 일반 사업보다 투자 대비 더 높은 수익률을 올릴 수 있고 부동산투자 수익구조에 한 번 매료된 사람은 일반 사업이 사업체를 늘여가는 속도보다 훨씬 빨리 부동산투자로 자산을 늘려 가려고 하기 때문에 자산증식도 더 빠르다. 과거의 부동산투자처럼 사서 가만히 기다렸다 때가 되면 팔기만 해도 차익이 남았던 시대는 이미 지나갔다. 이제부터 부동산투자는 어떤 부동산을 사느냐 하는 것도 중요하지만 산 후 어떻게 경영관리를 하고 매도전략을 짜느냐에 승패가 달려 있다고 해도 과언이 아닐 만큼 뛰어난 경영관리전략이 필요하다. 이런 경영관리전략을 염두에 두고 매수를 해야 하고 또 경영관리전략의 하나인 출구전략을 세운 다음 매도를 해야 한다. 그래서 부동산투자도 사업 이상으로 사업전략이 필요하다고 볼 수 있다.

일반적으로 사업을 위해서는 우리가 무엇을 준비하는지 그리고 준비해야 하는지 곰곰이 생각해보자. 예를 들어 치킨집을 창업한다고 해보자. 사업적으로 보면 치킨집은 우리나라에서 워낙 경쟁이 심하여 창업하여 성공하기는커녕 살아남기조차 매우 어려운 업종이다. 그러나 치킨집을 창업하려는 사람들은 별다른 기술 없이도 할 수 있고, 비교적 자금도 많이 필요로 하지 않고, 배울 것도 그다지 없는 가장 손쉬운 업종으로 생각한다. 또 치킨은 대중들이 가장 선호하는 음식 중 하나라서 치킨집이 많아도 나만 잘하면 될 것이라고 생각하고, 내가 선택하는 브랜드라면 얼마든지 경쟁에서도 이길 수 있다고 생각한다. 말 그대로 나만 잘 하면 성공할 확률은 높다고 생각한다. 그런데 문제는 나만 잘하기가 상당히 어렵다는데 있다. 남이 나보다 더 잘하는 것까지 내가 통제할 수 없기 때문이다.

내가 통제할 수 없는 것은 또 있다. 치킨집은 메뉴가 너무 비슷비슷하기 때문에 브랜드 없이 싸운다는 것은 어려운 일이지만 체인점들은 브랜드 본사만 믿고 싸워야 하기 때문에 자기 의지와 상관없이 큰 낭패도 볼 수 있다. 화려한 홍보내용과 거창한 미래 청사진과는 달리 본사가 제대로 사업을 못하므로 생기는 피해는 고스란히 체인점들이 받을 수밖에 없으며 같은 체인점이기 때문에 근처에 나보다 좋은 입지에 비슷한 체인점이 들어서면 경쟁에서 이기기가 쉽지 않다. 그나마 지금까지 이야기는 사업자인 나와 상관없이 외부영향으로 가게가 어려워지는 것을 이야기했다. 그밖에 내부적으로 친절하지 못하다든지, 서비스 정신이나 마케팅 능력이 떨어진다든지, 직원관리를 잘 못한다든지, 맛이 없다든지 등등의 내부문제가 기다리고 있기 때문에 치킨집으로 성공하거나 최소한 살아남기란 무척 어려운 일이다.

이런 외부 내부의 어려운 상황임에도 창업자가 치킨집을 준비하는 기간이란 본사에서 교육받는 며칠 또는 몇 주가 고작이다. 최악의 상황을 고려하여 자금과 마케팅 전략을 세운다든지, 1년 전부터 면밀히 시장조사를 하여 지역을 선정하고 직원이 갑자기 안 나와도 직접 꾸려갈 수 있는지, 생각을 기본적으로 치킨집 창업에 두고 끊임없이 생각하고 아이디어를 개발하여 수많은 상황에 대비하고 준비해야 한다.

그런데 부동산투자는 일반 사업과는 다르게 돈만 투자하면 아무것도 하지 않고 돈을 벌려는 생각이 강하다. 한 마디로 노, 노, 노다. 각

사업에서 업종별로 준비할 것이 다르듯이 부동산투자도 토지투자는 토지투자대로, 원룸투자는 원룸투자대로, 또 상가투자는 상가투자대로 준비할 것과 경영관리전략을 세워서 사업을 하듯이 열정적으로 준비하고 경영관리를 해야 한다. 농지의 경우는 우선 용도에 맞게 농지로 이용 가능한 환경을 가지고 있는지, 없다면 어떤 대책이 있는지, 생각해야 하며 막연하게 현지인에게 농사를 짓게 하는 방법은 농지 경영전략으로써 매우 나쁜 방법이라는 것을 알아야 한다. 현지인에게 농사를 짓게 하는 것은 인정상 잘하는 행동 같지만 직접 농업경영을 한 것이 아니므로 양도 시 세무혜택을 전혀 받지 못하기 때문이다. 또 농지투자는 현재 건축행위가 가능한지, 지금 안 되면 차후에는 가능한지, 용도지역의 변경 가능성이 있는지, 가능성이 있다면 나는 무엇을 해야 하는 것인지, 농지 자체의 경영뿐만 아니라 어떻게 해야 부동산의 가치를 올릴 수 있는지, 끊임없이 연구하고 노력해야 한다.

다가구나 다세대 원룸의 경우에도 임대경영자들이 한 가지라도 차별화시키기 위해서 노력하는 경영자의 자세가 아니라 아직 그 옛날의 집주인의 권위만 행사하려는 사람이 너무 많다. 그리고 집주인들은 대부분 부동산에 대한 지식이 없다보니 주택임대차보호법 같은 법을 전혀 몰라서 협조를 해주고 싶은 마음이 생기지 않는 경우가 대부분이다. 예를 들어 법인이 전세를 들어오려면 전세권을 설정해주지 않으면 안 되는데 집주인은 전세권 설정을 단지 등기부등본이 지저분해진다는 이유로 성가시다고 해주지 않는다. 또 부부 공동명의의 경우 계약은 대부분 혼자 와서 하는 경우가 많은데 오지 않은 배우자의 인감증명서와 위임장 제출을 요구하면 사람을 믿지 못한다고 그러면서 어떻게 우리 집에 들어오려고 하는 것이냐고 오히려 큰소리를 친다. 공동명의의 경우, 직접 오지 않은 사람을 대리하는 대리인의 서류는 계약 시 꼭 있어야 하는 의무사항이다. 법을 잘 아는 사람이라면 두말할 필요 없이 서류를 제시한다. 서로 믿네 못 믿네 큰소리를 칠 필요가 없다. 또 최근에는 다가구주택의 보증금 사기사건이 많아 임대인에게 다른 입주 세대의 계약내용 확인을 위해 자료제출을 요구하면 펄쩍 뛰며 부동산에서 그런 걸 왜 알아야 되느냐고 역정부터 낸다. 그 뒤부터는 설명해도 쇠귀에 경 읽기다. 들어가는 임차인의 입장에서 생각하면 다른 세대의 보증금이 얼마인지 모르는 상황에서는 아무리 법적으로 대항력을 만들고 확정일자를 받아 우선변제권을 받아도 아무 소용이 없고 불안하기는 매한가지라는 것을 이해가 되지 않는 것일까?

상가의 경우에도 그렇다. 상가계약 때 대부분의 집주인들은 굳세게 권리금 행사를 못한다고 이야기한다. 이미 상가임대차보호법이 개정되어 임대인도 임차인이 권리금을 받는 것을 방해하지 못하도록 되어 있음에도 줄기차게 그 주장을 하고, 원상복구도 들어왔던 그대로 해놓아야 한다고 계약 때부터 겁을 준다. 상가에 들어와서 장사를 하는 사람은 기본적으로 많은 시설투자를 한다. 기본이 2~3억이다. 그러면서 법적으로도 장사는 겨우 5년 만 할 수 있다. 입장을 바꿔놓고 생각해 보라. 임대인이 임차인의 입장이라면 권리금 보호도 받지 못하는데 계약할 수 있겠는가. 임차인이 임대인에게 권리금을 내놓으라는 것도 아닌데 왜 그렇게 권리금에 대해서 임대인은 민감하게 반응하는지 모르겠다. 과거 나쁜 집주인이 하던 권위적인 행동을 지금도 하고 있는 셈이다. 임차인을 우리 집을 선택해준 고마운 고객으로 생각하여 무슨 일이든 고객을 만족시키겠다는 서비스마인드가 전혀 안 되어 있다. 전부 주인 행세하는데 익숙하고 임차인을 세입자로만 하대하여 보는 경우가 적지 않다. 부동산투자도, 특히 임대 경영은 엄연히 임차인을 고객으로 하는 사업이다. 그러므로 임대인은 늘 임차인의 입장이 되어 생각하여야 한다. 임대인의 입장에서도 임차인이 자꾸 바뀌는 것보다 지금 있는 임차인이 재계약을 하는 것이 가장 경영자로서는 좋은 일인 만큼 임차인으로 하여금 재계약하여 계속 이곳에서 장사를 하거나 거주하고 싶은 마음이 생기도록 하는 것이 임대 경영 사업의 포인트이다. 부동산투자도 미래의 청사진을 위한 다양한 전략을 만들어야 하고 하나가 계획대로 되지 않으면 또 다른 대안을 늘 준비하고 있어야 하는 사업적 마인드가 풍부해야 좋은 결과를 낼 수 있다. 또한 아직 사업적 마인드를 가지고 있지 않은 소위 집주인들이 많은 만큼 이런 경영

마인드를 갖추고 시장에 진입하는 임대 경영자들에겐 공급의 많고 적음을 떠나 아직 해 볼 만한 시장인 셈이다.

막연한 투자가 가장 위험하다.
나만의 투자원칙을 만들어라

막연한 투자가 가장 위험하다. 막연한 투자란 어떤 투자를 말하는가? 막연한 투자에 딱 어울리는 모습이 있다. 어떤 모습이냐 하면 일본의 빠찡코 기계, 한국의 성인오락실 기계 앞에 앉은 사람들의 모습을 떠올려 보면 된다. 사진처럼 빠찡코 기계 앞에 앉은 사람들의 모습은 외부에서 보면 굉장히 몰입하고 있고 매우 계산적으로 보일 수도 있다. 그러나 그렇게 기계 앞에 앉은 사람들이 실은 어떤 마음으로 앉아 있는지 나는 경험을 통해서 안다. 나는 한때 일본에서 빠찡코로 생활을 꾸려나가는 빠찌프로였고, 빠찡코에서 1년 넘게 직원으로 일도 했으며, 한국으로 돌아와서는 2006년 바다이야기 사건

〈일본의 빠찡코에서 막연하게 777이 나오기를 기다리는 사람들〉

이 터지기 전까지 성인오락실을 3곳이나 운영한 경험이 있다. 그런 경험을 통해 분명히 말할 수 있는 것은 빠찡코에 앉아 있는 그들 중 대부분은 단지 럭키세븐이 3개인 777이 나와 주었으면 하는 막연한 기대로 앉아 있다는 사실이다. 이 말은 무슨 말이냐 하면 실제로 언제 어떻게 나올지는 아무것도 모르고 막연하게 기다리며 앉아 있다는 말이다. 단지 프로그램이 되어 있는 대로 나오는 기계일 뿐인데도 말이다.

그리고 몇 시까지 내가 빠찡코를 할 것인가 하는 기준도 없다. 다행히 빠른 시간에 많이 벌면 일찍 일어날 수도 있고 하루 종일 돈을 잃으면 감정적으로 주체를 못해 그날 있었던 누군가와의 약속도 지키지 않고 계속 나올 때까지 앉아 있을 수도 있다는 이야기다. 그리고 이것도 저것도 아니게 찔끔찔끔 나오면 그만두어야 할지 계속해야 할지 계속 주저하고 망설이면서 하게 된다. 그리고 그날 안에 잃었던 돈을 회복하지 못하면 다시 다음 날 아침에도 빠찡코에 또 나와 앉아 있는 것이 그만 일상처럼 되어 버린 사람들의 집합이 여러분들이 보게 되는 빠찡코에 앉아 있는 사람들의 모습이다. 그렇게 매일 하다보면 어쩌다 하루 잘 벌어도 원 본전을 따지면 어림도 없으므로 본전을 찾거나 운이 좋으면 더 딸 수도 있다는 막연한 기대로 계속하게 되는 것이 사람의 심리이다. 물론 개중에는 잃든 따든 단지 한두 시간 잠시 즐기는데 만족하는 사람도 분명 있다. 그런 사람이 오히려 운 좋게 많이 벌어가는 경우도 허다하다. 매일 기계 앞에 앉아 씨름하고 있는 사람들의 입장에서 잠시 앉아 벌어가는 운 좋은 사람들을 보면 나도 저런 적이 있었는데 왜 가볍게 그만두지 못했나 하고 후회해 봐도 이미 엎질러진 물일 뿐이다. 이렇게 잃었던 돈을 회복하기 위해 몇 날 며칠을 계속하다 중독이 되어 버린 사람들은 이제 도박에 중독되어 생활까지 피폐해지는 것은 정해진 코스다.

그러면 이런 사람들이 어떻게 하다가 이렇게 헤어나지 못하는 나락으로 빠지게 되었을까? 이것을 깨닫기 위해서는 처음 시점으로 돌아가 보아야 한다. 누구나 처음에는 빠찡코 기계를 모르고 막연한 기대로 앉아서 시작한다. 그러나 그런 기대는 처음에 잠시 즐길 때의 감정으로야 괜찮지만 본격적으로 하게 되면 분명 막연한 기대는 버리고 구체적인 원칙이 필요한데 대부분은 그런 막연함을 끝까지 유지하는 경우가 많다. 다르게 말하면 철저하게 그날그날의 감정에 기대는 것이다. 투자도 아닌 빠찡코처럼 승률이 아주 낮은 도박이 근거도 없이 그런 막연한 감정적 기대만으로 돈을 딸 수가 있다면 그건 좀 우습지 않은가. 이런 막연함이 위험한 것은 사람들은 결정적인 순간에 항상 감정에 기대게 되기 때문이다. 이것을 방지하기 위해서는 막연한 것이 아닌 원칙이 필요하다. 이때의 원칙은 막연함을 방지하기 위한 것으로 그 원칙이 좋은 원칙이든 나쁜 원칙이든 상관없이 자기 스스로 잘 지킬 수 있는 원칙이면 된다. 그리고 이 원칙에는 언제 일어서야 할지를 결정하는 출구전략이 꼭 포함되어야 한다.

실제로 내가 빠찡코를 시작해서 승률을 높이고 시간을 절약하기 위해 만든 원칙은 이런 것이었다. 도박이든 투자든 실제로 해 보면 돈을 잃기도 하지만 따는 순간이 분명 있다. 그런데 돈을 벌기 위해서는 잃을 때는 최대한 적게 잃어야 하고 벌 때는 최대한 많이 버는 것을 지향할 것이 아니라 번 것은 최소한 다시 잃지 말아야 하는 것을 목표로 해야 한다. 도박은 잃더라도 회복하기 어려울 만큼 많이 잃으면 안 되고,

도박은 벌기 어려우므로 한 번 번 것은 다시 잃지 않도록 노력하는 것이 포인트라는 말이다. 여러 번 실패와 후회를 거듭한 결과 도박을 해서 돈을 따는 내가 아는 유일한 방법은 땄을 때 자리에서 일어나는 것이었다.

그래서 내가 만든 원칙은 이런 것이었다.

(1) 하루 2만 엔을 벌면 무조건 자리에서 일어선다.

(2) 하루 1만2천 엔을 잃으면 무조건 자리에서 일어선다.

(3) 1, 2번 둘 다 해당되지 않으면 6시에는 무조건 자리에서 일어선다.

위 3가지 원칙은 막연하게 원칙도 없이 빠찡코를 하면서 매일 밤 끝나고 후회를 반복하며 만든 원칙이다. 아~오늘 몇 시쯤에는 운이 좋게도 잘 나와서 돈을 좀 벌었었는데 그때 그만두지 못하고 더 욕심을 부리고 계속하여 번 돈뿐만 아니라 나머지 돈까지 결국 잃게 된 것을 후회하여 만든 원칙이었다. 이 원칙을 만들고 난 뒤부터는 많이 벌지는 못했지만 신기하게도 승률이 올라갔다. 물론 원칙을 만든 뒤에도 욕심을 부려 원칙을 어긴 적도 많았고 그럴 때마다 결과도 좋지 않아 또 후회를 했지만 원칙을 지키는 것이 얼마나 중요한지 깨달을 수가 있었다. 물론 이 원칙만으로 빠찌프로가 된 것은 아니지만 원칙이란 것이 도박에서 제일 위험한, 사람의 감정을 자제시키는 역할을 충분히 한다는 것을 알게 된 계기가 되었다. 부동산투자는 이런 도박에 비하면 수익을 내는 메커니즘이 훨씬 쉽고 승률 또한 매우 높다.

위의 빠찡코 원칙을 부동산 토지투자에 적용하면 이렇게 만들 수 있다.

(1) 5년 안에 수익률 50%를 넘으면 무조건 매도한다.

(2) 5년 안에 수익률 ―20%를 넘으면 무조건 매도한다.

(3) 5년이 지났는데 1, 2번 둘 다 해당되지 않으면 다가오는 매도자시장인 시점에 매

　　도할 수 있도록 매도계획을 짠다.

이상 수익률은 세후수익률이며 특별한 개발계획이나 도시계획 변경이 있을 때는 원칙을 수정한다.

꼭 위와 같은 원칙이 아니더라도 자기 나름대로의 원칙을 세우는 것이 중요하다. 수익형부동산의 경우에는,

(1) 매년 투자수익률이 은행 대출금리보다 2% 이상 높게 유지되면 보유한다. 반대

　　로 2% 이하가 3년 이상 지속되면 매도한다.

(2) 매매수익률이 100%를 넘으면 매도한다. 단, 다른 투자처가 정해지면 매도한다.

(3) 매입 10년 이상이 되는 시점에 전년보다 10% 이상 현금흐름(수익률)이 좋지

　　않은 것이 3년 이상 지속되면 매도 타이밍을 정한다. 단, 수익률은 세후수익률

　　이다.

위와 같이 나만의 투자원칙만 잘 세워도 감정에 휘둘리지 않고 투자를 매우 이성적이고 전략적으로 할 수 있다. 주식에 투자하는 개인투자자가 원칙도 출구전략도 없어 매일 팔아야 할지 말아야 할지, 사야할지 말아야 할지를 몰라 엉덩이를 의자에 붙이지 못하고 안절부절하는 모습을 생각해보라. 그런 개미들의 후회를 부르는 결말은 불을 보듯 뻔하다. 부동산투자이든 주식투자이든 여러분이 이제부터 투자를 시작한다면 나는 개인투자자가 아닌 투자전문회사가 된 듯이 원칙과 출구전략을 분명히 세워 투자를 하라. 많이 벌고 적게 벌고를 떠나 아무 투자원칙이 없는 막연한 투자가 얼마나 위험하고 부끄러운 투자인지 명심하고 또 명심하라. 원칙이 없는 막연한 투자가 가장 위험하다.

출구전략을 분명히 하고
원칙을 세웠으면 기계처럼 지켜라

나는 주식을 지금껏 딱 한 번 했다. 거의 10년 전에 1억 원 정도를 투자하여 3개월 정도 만에 20% 넘는 수익률을 올렸다. 주식에 전혀 문외한인 내가 스스로 종목을 선택하여 이런 실적을 올렸다. 도박에 가까운 것이라 생각하는 주식으로 어떻게 이런 실적을 올렸을까? 이유라면 난 오래전 도박으로도 몇 년간의 학비를 벌어본 경험이 있었는데 그때 출구전략 원칙의 중요성을 알게 되었다. 이때 경험으로 터득한 원칙을 그대로 적용하여 지켰기 때문이다. 내용은 몰라도 원칙을 세우면 기계처럼 지켜야 한다는 것은 알았다. 그 원칙은 지금 내가 얼마에 사면 얼마가 되면 팔 것이며, 일정 금액에 손절매할 것이며, 일정 기간 동안 목표 수익률이 되지 않으면 어떻게 하겠다는 3가지 출구전략을 세웠다. 모르는 것일수록 원칙과 출구전략을 세우지 않으면 감정에 휘둘리기 쉽기 때문에 꼭 이런 원칙과 전략이 필요하다. 상승장에서 주당 57만 원에 200주 가까이를 샀고 주당 70만 원에 매도하겠다는 전략을 짜서 그대로 실행했다. 그랬더니 기간은 내 기억으로 불과 몇 개월 정도밖에 걸리지 않았다. 그리고 그 이후 단 한 번도 주식을 하지 않았다. 내 실력이 좋아 번 것이 아니라 결과적으로 좋은 시기에 샀고 원칙만 세웠다 뿐이지 주식에 대해서는 잘 몰랐기 때문에 운이 좋았다고 생각했다.

그러나 이때 난 손해를 보았더라도 10% 이상은 보지 않았을 것이다. 왜냐하면 50만 원에 손절매할 것이란 원칙을 세웠기 때문이다. 과거 도박을 하면서 이 손절매 원칙을 포함한 출구전략을 수없이 만들고 감정에 휘둘려 어기고를 반복하여 후회도 많이 해 보았기 때문에 원칙을 세웠으면 기계처럼 지키는 것에 관해서는 자신이 있었다. 도박으로도 잘 지켰기 때문에 주식으로 원칙을 지키는 것은 나에겐 쉬운 일이었다. 우리 국민이 좋아하는 화투를 해 보아도 잘 못하는 초보가 처음엔 따는 경우가 종종 있다. 그런데 우리 화투문화는 땄다고 그냥 일어설 수 있는 놀이문화가 아니기 때문에 오래 하면 결국 잃게 되므로 나는 화투를 즐기지 않고 홀라는 방법도 모른다. 오래 하면 초보가 이길 수 없는 것이 너무 뻔하기 때문이다. 돈을 갖고 하는 것은 투자든 투기든 도박이든 무엇이든 땄을 때 일어나지 않으면 딸 수가 없다. 이익이 생겼을 때 이익을 확실히 실현하지 않으면 벌 수 없다. 부동산도 마찬가지다. 그리고 손해를 보았더라도 손해는 최소화하는 선에서 미련 없이 털고 일어나야 한다. 이것이 주식의 손절매다.

몇 년 전 인천의 일가족이 생활고를 비관하여 모두 자살한 안타까운 뉴스를 접한 적이 있다. 그런데 자살한 이 가족의 소유로 된 집이 아파트 4채, 빌라 11채로 무려 15채의 집이 있었다는 사실에 더욱 놀라고 관심이 갔다. 경매로 집을 낙찰받아 제2금융권의 은행에서 경락잔금 대출을 받아 등기를 하고 전세를 놓고 또 다른 집을 경매로 받고 하는 방식이었던 것 같다. 소위 지금의 갭 투자와 비슷한 형식으로 투자하였는데 집값이 하락했거나 높은 가격에 낙찰을 받았거나 어쨌든 생각대로 되지 않아 제2금융권의 높은 이자를 막지 못해 생활고에 시달렸던 것으로 생각된다. 언론들이야 감당하지 못할 빚을 졌다는 것에 초점을 맞추겠지만 필자는 출구전략과 원칙없는 투자의 결과라고 생각한다.

부동산투자를 할 때는 얼마가 남으면 차익실현을 분명히 하겠다는 원칙도 물론 중요하지만 경험이 많지 않은 초보자에게는 손해를 보았을 때 그 손해를 최소화하겠다는 손절매의 원칙이 훨씬 더 중요하다. 부동산은 주식에 비하면 환금성이 떨어져 위기가 왔을 때는 더욱 과감하게 선제 대응하는 것이 필요하다. 많은 꿈을 품고 투자를 시작했을 텐데 끝까지 견디지 못하고 일가족 모두 스스로 생을 마감한 것은 참으로 안타깝고 슬픈 일이다. 그리고 이 사건을 보고 드는 또 하나의 느낌은 부동산투자도 출구전략 내지는 원칙을 세우는 것이 매우 중요하다는 사실을 다시 한 번 깨닫는 계기가 되었다. 투자의 원리라는 것이 큰 과실을 원하면 당연히 리스크를 동반한다. 손해 볼 수도 있다. 그러므로 손해도 기꺼이 감수해야 한다. 그러나 손해는 최대한 최소화하고 일단 물러설 줄도 알아야 한다. 이런 것들은 단지 생각만 막연히 하는 정도로는 안 되고, 분명한 출구전략과 원칙을 세우고 원칙을 세웠으면 그 원칙을 '기계처럼' 지켜야 한다.

부동산투자에서의 타이밍

1) 부동산투자에서 진정한 타이밍이란 무엇인가?

부동산투자에서 진정한 타이밍이란 무엇인가? 보통 투자자들은 시기의 적기, 즉 타이밍에 대해 많이 생각하고 궁금해하는 것 같다. 투자 적기에 대하여 끊임없이 묻고 의문을 가진다. 그러나 필자는 투자해야 할 '타이밍'을 판단하지 않는다. 왜냐하면 이 타이밍에 대한 것은 무척 궁금한 것이지만 제 경험상 알 수 없는 것이었다. 그때야 안다고 생각하고 판단을 해도 조금만 더 생각하거나 시간이 지나면 그때의 판단이 얼마나 허무맹랑한 것인지 깨닫게 된다. 미래의 일은 누구도 모른다. 세계경제, 특히 가격의 변화처럼 자본주의의 돈, 화폐와 관련해서는 너무도 유기적이고 의도적인 변화와 변수가 많아서 그것을 안다는 것은 거의 점괘에 가까운 수준이다. 먼저 우리는 이 점을 인정해야 한다고 생각한다. 지금도 지역마다 지금이 투자 적기인가 아닌가 또는 매도 타이밍인지 아닌지, 끊임없이 주시하는 사람들이 있다.

그러나 투자 타이밍이란 알 수 있는 것일까요? 타이밍은 알 수도 있을 것이다. 그러나 타이밍을 안다고 말하는 사람은 맞지 않을 확률이 훨씬 높다. 또한 실제 타이밍이 맞는 것보다 다른 것을 기대할 확률이 높다. 이를테면 책을 팔기 위한 것이거나 해당 지역 부동산이 뜨기를 기대하거나 다분히 인기 영합적인 측면이 클 경우이다. 타이밍을 보는 것은 재건축 아파트처럼 주로 단기차익을 노리기 위한 방법으로는 유용하다. 그러나 타이밍은 타이밍에 집중하면 할수록 알기가 어렵다. 타이밍에 집중하면 너무 가격의 싸고 비쌈에만 포인트를 두게 된다. 필자는 타이밍은 제대로 알 수 없지만 사람들이 타이밍에 신경을 곤두세우는 이유는 알 수 있다. 바로 조금이라도 투자 리스크를 줄이고 투자수익을 높이기 위해서이다.

그런데 사람들이 생각하는 투자 리스크를 세부적으로 들여다보면 사람들은 단기에 벌려고 하기 때문에 대부분 그것이 실현될지 안 될지 몰라 불안과 위험을 느끼게 된다. 그러므로 부동산투자는 가능한 장기적으로 가져가는 것이 올바른 투자방법이다. 투자를 하여 장기적으로 버틸 수 있는 힘을 가진다는 것 자체가 따지고 보면 나에게 다가올 리스크를 최대한 줄이고 메리트를 최대한 많이 남기는 전략이다. 투자를 장기로 가져가면 갈수록 리스크는 제로에 가까워지고 메리트만 남아있게 된다. 왜냐하면 돈의 원리로 보면 부동산가격은 외부 경제충격에 의해서 잠시 굴곡을 거치겠지만 돈의 가치 등 장기적인 관점으로 보면 오를 수밖에 없는 경제적 시스템이기 때문이다. 그러므로 알 수도 없는 타이밍에 매이느니 투자기간을 장기적으로 가져가서 넓고 긴 안목으로 흐름을 보면 오히려 타이밍이라는 것이 쉽게 손에 잡힐 가능성이 더 높다.

실제로 부동산투자에 필요한 것은 이런 알 수 없는 타이밍이 아니다. 부동산투자를 하기 위해서는 타이밍을 보기 전에 먼저 준비되어야 할 것이 있다. 그것은 바로 자금과 물건과 투자지식, 이 3가지다. 자금은 신용이라고도 할 수 있으며, 물건은 정보나 정보력으로 바꾸어 생각할 수 있으며, 지식은 투자 안목이라고도 할 수 있다. 바로 이 3가지, 즉 자금이 있고 물건이 있고 그 물건을 분석할 수 있는 투자지식이나 안목만 있으면 얼마든지 투자를 할 수가 있다. 세 가지 중 어느 것이 있느냐에 따라 준비해야 할 것이 달라진다. 먼저 자금이 우선이라고 생각하는 사람은 종자돈을 만들려고 할 것이고, 혹자는 자금은 자금대로 모으고 병행해서 지식을 쌓기도 한다. 그리고 병행해서 가끔씩은 부동산 사무실에 나가서 정보를 얻거나 요즘은 경매 등 여러 인터넷 정보로 물건 검색을 해 보기도 한다. 부동산투자를 하려고 부동산 사무실을 찾는 사람들을 살펴보면 대부분은 자금도 있고 정보도 많은데 그 정보가 제대로 된 정보인지, 즉 싼지 비싼지 미래 가치가 높은지 낮은지 전혀 모르는 사람이 대부분이다.

경기가 좋다고 나오는 매물 전부가 투자에 적합한 물건이 아니며, 아무리 경기가 나빠도 얼마든지 좋은 물건은 나올 수 있다. 오히려 어려운 경기 속에서 좋은 물건이 많이 나오기도 한다. 좋은 물건을 알아볼 수 있는 눈만 있다면 말이다. 그러므로 우리는 외부 상황을 보고 투자 타이밍을 판단해야 할 것이 아니라 좋은 물건을 볼 수 있는 지식과 안목을 키워야 하고, 좋은 물건으로 수익을 만들어낼 수 있는 철학과 역량을 가져야 한다. 타이밍을 보는 사람은 타이밍이 아니면 투자를 할 수 없지만 투자에 대한 지식과 철학과 역량이 있는 사람은 어떤 타이밍에도 자유롭게 투자하여 수익을 올릴 수 있다. 그러므로 두 부류가 있다. 자금은 있는데 투자지식이나 지혜와 역량이 없어 가격과 타이밍만 쫓아다니는 사람과 타이밍에 상관없이 늘 좋은 정보를 접하고 그 정보를 정확히 분석하는 안목을 가져 미래에 대한 확신을 가지고, 없는 신용도 창출해내어 투자하는 사람이 있다. 둘 중 여러분은 어떤 사람이 되고 싶은가. 그러므로 부동산투자에 있어서 진정한 타이밍이란 외부변화를 보고 타이밍 그 자체를 찾는 것이 아니라 자금이 준비되고 지식과 안목을 키워, 좋은 물건이나 정보를 접하는 바로 그 순간이 진정한 투자 타이밍이다. 그러므로 투자 타이밍을 찾을 것이 아니라 자금은 어떻게 모을 것인지, 올바른 지식을 쌓고 안목을 기르기 위해서는 어떻게 해야 하는지, 좋은 정보를 수시로 접하기 위해서는 어떤 사회적 관계를 설정해야 하는지에 훨씬 더 집중해야 한다.

또 한 가지 중요하게 기억해야 될 것이 있다. 만약 내가 투자 타이밍을 안다면 혹은 기막히게 그 분야를 잘 아는 사람이 타이밍을 알려주었다고 하자. 그러면 여러분은 어떻게 될까? 모두 부동산에 투자해서 돈을 벌까? 정답은 절대 그렇지 않다, 이다. 내가 연구한 것이 아닌 이상, 우선 그 타이밍에 대한 신뢰를 하지 못한다. 듣긴 들었지만 나에게 타이밍을 알려준 사람이 도대체 어떤 사람인지 개인적으로 전혀 모르니 투자를 할 수가 없다. 그렇다고 지금부터 사귈 수도 없지 않은가. 또 이번 시기에 투자하기로 결정을 했다 하더라도 타이밍을 알면 부동산투자가 쉬울 것 같아도 절대 그렇지 않다는 사실이다. 타이밍만 들었지 준비되어 있는 것이 자금밖에 없기 때문에 어디에 어떻게 투자를 해야 할지 알 수 없다. 그런 상황에서는 오히려 나쁜 기획부동산이나 개인의 꼬임에 넘어가기 더 쉽다. 그러니 투자 타이밍을 안다고 투자가 쉽게 되는 것이 아니라는 것을 마음에 잘 새겨두었으면 한다. 그러므로 지금부터 여러분은 투자 타이밍을 쫓을 것이 아니라 자금과 지식과 정보, 이 3가지가 유기적으로 서로 좋은 역할을 할 수 있도록 신경을 써야 하는 것이 우선되어야 한다. 자금은 어떻게 하면 효율적으로 모으는지, 지식은 무엇을 어떤 방법으로 쌓는 것이 좋은 것인지, 정보를 수시로 얻기 위해서는 어떤 노력을 하여야 하는지를 배우도록 해야 한다. 이 3가지를 유기적으로 작용하게 하는 것에 이 책이 조금이라도 도움이 되었으면 한다. 진정한 타이밍은 경기상황 같은 외부의 조건을 보고 판단하는 것이 아니라 자기 자신이 자금과 신용, 투자지식과 투자지혜, 물건과 정보력 같은 것을 갖추었는지 자기의 내부조건을 보고 판단해야 하는 것이다.

2) 당신은 사고팔고를 늘 거꾸로 하는 용기 없는 청개구리가 아닌가?

부동산투자의 타이밍을 다른 면으로 한 번 살펴보자. 부동산 시장에는 매도자 우위시장과 매수자 우위시장이라는 것이 있다. 매도자 우위시장은 부동산가격이 계속 오르는 시기로 매수하려고 하는 대기자는 많은데 매도자가 상대적으로 적어 매도자가 가격의 주도권을 가지는 시장을 말하고, 매수자 우위시장은 반대로 가격이 계속 내리는 시기로 매도하려고 하는 대기자는 많은데 상대적으로 매수자가 좀처럼 연결되지 않는 시장으로 가격 결정에 있어서도 매수자가 주도적인 위치에 서게 된다. 그러므로 매도자 시장일 때는 가격이 오르고 매수자 시장일 때는 가격이 내린다. 여기까지 이해하는 데는 별 무리가 없을 것이다.

그런데 여러분은 부동산을 어떤 시기에 주로 사는가? 아마 대부분 매도자 시장일 때에 사려고 할 것이다. 그런데 이 매도자 시장이란 것이 가격 오르는 것이 확실하게 대부분의 사람들에게 느껴질 즈음에는 늘 너무 늦다는 사실이 문제다. 그래서 꼭지에 사거나 상투를 잡으시는 분이 많이 나타나게 된다. 또 부동산을 파는 것도 대부분 매수자 시장일 때에 팔려고 한다. 처음에는 가격이 내려도 조금 참아 보다가 생각보다 가격이 많이 내리면 어, 폭락하는 것이 아닌가, 생각하게 되고 또 일본이 과거 잃어버린 10년에서 지금 20년으로 늘어나는 것 같던데 우리도 일본처럼 내림세가 장기화되는 것이 아닌가, 이런 부정적인 생각으로 참다 참다 팔게 되는 경우가 많다. 이때는 언론의 부정적인 이야기들이 어떻게 그렇게 잘 떠오르는지 모르겠다. 당연히 내가 팔고 나면 얼마 있지 않아 오르기 시작하고, 내가 사면 얼마 있지 않아 내리기 시작한다. 평소에는 이런 가격의 오르내림이 느껴지지 않다가도 내가 사거나 팔면 어떻게 그렇게 가격흐름이 민감하게 느껴지는지 귀가 막힐 정도이다. 한마디로 말해서 이 매도자 시장과 매수자 시장에서 투자자들이 보이는 투자 행태만 보아도 대부분의 사람들은 투자 타이밍을 청개구리처럼 거꾸로 한다는 사실이다.

타이밍을 따질 것 같으면 당연히 매수자 시장에서 사고 매도자 시장에서 팔아야지, 그렇지 않은가. 매수자 시장은 가격이 내리는 시장으로 가격적으로는 이미 내린 만큼의 덕을 보고 사는 셈이다. 그리고 당연히 오름세로 돌아서는 기대도 가질 수 있다. 그리고 물가와 늘 연동되는 실물자산인 부동산가격이 10% 내지는 20%씩 내린다는 것은 아주 드물게 나타나는 현상이다. 파는 것도 당연히 매도자 시장에서 확실히 남기게 되는 것을 보면서 더 이상 욕심 부리면 안 좋다고 생각하며 선심 쓰는 마음으로 여유 있게 팔아야 한다. 하긴 타이밍을 늘 거꾸로 할 수밖에 없는 것이 스타트를 늘 반대로 하니 어쩔 수가 없는 부분이 있다. 매수자 시장에서 샀으면 매도자 시장에서 파는 것도 자연스럽게 할 텐데 대부분 늘 반대로 사는 것 자체를 매도자 시장에서 사니까 내릴 때는 견디지 못하고 결국 매수자 시장에서 팔게 된다. 법륜 스님 말마따나 경상도 말로 맨날 뒤비 쪼운다. 늘 반대로 한다는 말이다.

그러므로 지금 가격이 싸고 비싼 것에 너무 민감하면 강박적으로 타이밍을 생각하여 조바심을 가지게 되는 것이므로 위에도 설명 드렸듯이 너무 외부의 경제상황이 일어날 때마다 내가 지금 사거나 팔거나 뭔가를 해야 하는 것이 아닌가 하는 강박관념을 버리기 바란다. 부동산투자는 외부조건으로 타이밍을 바라보는 것보다도 나의 조건에 따라 얼마든지 타이밍은 달라질 수 있는 것이라고 생각하면 좋겠다. 아무리 좋은 타이밍이라도 내가 물건을 잘못 고르면 결국 실패하는 것이고 아무리 나쁜 시기라도 얼마든지 실현수익률이 높은 물건을 찾을 수 있기 때문이다.

 추천 성공투자 도서❹

생각만 하지 말고, 변명만 늘어놓지 말고 지금 당장 Do do do, do it! 해라.
이민규의 '실행이 답이다'

부동산이 왜 비싸냐고?
부동산의 현재 가격은 늘 비싸다

우선 질문을 해보자. 부동산가격 앞으로 계속 상승할 것인가? 또는 반등할 것인가?

계속 상승할 것이다. 정체할 것이다. 계속 내릴 것이다. 혹은 일본처럼 계속 내려 회복하기 힘들 것이다. 등등의 생각들이 있을 것이다. 그러면 각자 그렇게 생각하는 이유는 무엇인가? 어떤 근거를 가지고 그렇게 생각하는가? 근거 없이 경기가 어려우니까, 미래가 불안하니까 단지 막연하게 그런 생각이 드는 것은 아닌가? 이 문제를 생각하려면 여러 가지 지식이 조합되어야 한다. 우선 부동산(상품)의 현재 가격은 늘 비싸다는 것과 부동산(상품)의 계속된 가격상승은 가치의 상승이 아니다. 가치는 오히려 하락한다. 그런데 왜 부동산가격은 오르고 비싸까? 그 답은 부동산의 현재 가격은 늘 비싸기 때문이다! 여러분은 지금껏 살아오면서 '부동산의 가격이 싸다'라고 느낀 적이 있었는가? 요즘 자장면, 김치찌개의 값이 왜 이렇게 쌀까? 하고 생각해본 적이 있었는가? 아마 없을 것이다. 그러면 이상하지 않은가? 싼 적이 있었어야지 비싸다고 느끼는 것이지 싼 적이 없는데 비싸다고 느끼면 그 비싸다는 것은 도대체 어디가 기준인가? 지금부터 대부분의 사람들이 부동산의 현재 가격은 왜 비싸다고 생각하는지 그 이유를 하나씩 살펴보자.

여러분이 비싸다고 생각하는 그 생각의 근저에는 먼저 지나온 과거보다 비싸다고 생각하는 것이 있다. 작년에 비해 많이 올랐다는 뜻이 포함되어 있다. 100평짜리 어떤 부동산이 작년에 불과 평당 100만 원이었는데 올해 150만 원이라니 너무나 비싸게 느껴지고 너무 올랐다고 생각되게 된다. 작년 100만 원일 때도 비싸게 생각되어서 안 샀는데 1년 사이에 그렇게 오르다니 그때 살 걸 하는 후회와 괜히 5,000만 원 손해를 본 억울한 느낌이 감정에 실려 앞으로 더 이상은 오르기 어려울 것이라는 원망과 바람이 섞여 있다. 사람들은 자기의 실수를 쉽게 인정하려 하지 않는다. 실수가 반복되면 자기의 생각이 잘못되었음을 알아차려야 하는데 좀처럼 실수를 인정하려 하지 않는다. 잠시 올랐지만 곧 내려갈 것이라는 생각을 하고, 계속 올랐으니 앞으로 폭락할 것이라는 생각을 하게 된다. 감정적으로는 가격이 내려가야 작년에 사지 않은 선택이 잘 한 일이 되는 것이고 폭락해야 지금껏 잘못 선택한 것이 만회된다고 생각한다. 사지도 않았으면서 말이다. 사촌이 땅을 사면 배가 아프다는 심리가 저변에 깔려 있는 셈이다. 자꾸 선택에 대한 실수가 반복되면 아 부동산가격의 메커니즘이 이렇구나 하고 생각을 바꾸고 깨닫는 것이 아니라 계속 잘못된 선택의 연속이었음에도 지금은 아니지만 언젠가는 내 생각이 맞을 것이라고 생각하게 된다. 그렇게 후회와 원망과 바람이 쌓인 만큼 지금 가격은 더욱 비싸게 느껴질 수밖에 없다. 지금껏 못 산 것이 억울해서 살 수 없을 정도로 말이다. 그래서 사람들이 지금 부동산가격이 너무 올랐다고 생각하고, 폭락할 것이라는 말에도 심리적으로 쉽게 동조한다.

아무튼 이 모든 가정이 틀렸다 하더라도 사람들이 '비싸다'고 느끼는 것에는 분명한 기준이 바로 과거의 가격과 비교한다는 사실이다. 과거의 가격 외에는 달리 기준이 있을 것이 없다. 같은 부동산이 상대적으로 싸거나 비싸게 나오는 경우도 있지만 사람들이 일반적으로 부동산가격이 비싸다고 말하는 것은 전체적인 가격흐름을 말하는 것이므로 이는 분명 과거의 가격이 기준인 셈이다. 과거의 가격과 비교하는데 비싸지 않은 것이 어디 있겠는가. 일본처럼 물가변화가 거의 없는 디플레이션이면 모르겠지만 한국은 지속적으로 물가가 오르는데 말이다. 그리고 또 부동산가격이 비싸다고 느끼는 근거는 부동산가격의 미래에 대한 불안 때문이다. 과거와 현재는 우리가 지켜보아왔고 지켜보고 있는 것이라 알지만 미래는 전혀 알 수가 없다. 미래는 그 누구도 알 수 없는 일이기 때문에 불안하다. 사실은 부동산가격뿐만 아니라 모든 경제의 미래는 알 수 없는 것이고 불안한 것인데 유독 부동산가격은 더 불안하게 느끼기 쉽다. 왜냐하면 앞서 설명한 바와 같이 대부분의 사람이 계속 잘못된 선택을 해왔기 때문이다. 미래는 원래 불안하고 잘못된 선택을 해온 사람들이 우리 사회에는 많으므로 미래의 부동산가격은 내릴 것이라고 막연하게 생각할 가능성이 큰 것이다.

부동산가격이 비싸다고 느끼는 이유 중 또 한 가지는 투자실패에 대한 두려움이 있기 때문이다. 부동산투자에는 리스크가 수없이 많다. 그 수없이 많은 리스크를 뚫고 투자가 성공하기란 쉬운 일이 아니다. 부동산투자 리스크는 부동산에 대한 지식이 없을수록 더 크게 다가온다. 그러므로 실패에 대한 두려움이 큰 사람일수록 지금 현재 부동산가격은 당연히 비싸게 느껴지기 마련이다. 그리고 불로소득, 부동산투기 등 부동산에 대한 사회적 인식이 나쁘기 때문이기도 하다. 과거부터 정부도 그렇고 지역 사회도 그렇고 개인도 그렇고 우리는 부동산투자를 투기다 불로소득이다 해서 나쁜 일로 사람들이 인식하도록 길들여져 왔다. 열심히 노동을 해서 돈을 버는 것만이 신성한 것이란 생각이 사람들의 뇌리에 깊이 뿌리 박혀 있다. 그런 사람들의 입장에서는 내가 부동산을 사면 오르는 부동산가격이 이해도 되지 않고 언젠가 바닥으로 추락할 것 같은 기구와 같다고 생각한다. 그리고 마지막으로 부동산은 투자 타이밍을 신경 쓰는 사람이 많아 대부분 가격에 민감하기 때문에 현재 가격은 늘 비싸게 느껴진다. 타이밍 자체가 어떻게 보면 가격이기 때문에 가격이 늘 비싸게 느껴져 타이밍을 종잡을 수가 없는 것과 같다. 가격이 비싸게 느껴져서 늘 지금이 타이밍이 아닌 것처럼 느껴지고 타이밍이 아닌 것 같아 늘 가격이 비싸게 느껴진다.

이렇듯 부동산가격은 대부분 비싸게 생각되는 이유가 많고 싸게 느껴질 만한 이유는 거의 없다. 역으로 말하면 싸게 느껴질 만한 이유가 없으므로 비싸게 생각되는 것은 어쩌면 당연한 일인지도 모르겠다. 그러나 부동산의 현재 가격이 늘 비싼 이유는 또 다른 곳에도 있다. 이것은 부동산가격 상승과 떼려야 뗄 수 없는 불가분의 관계임에도 쉽게 간과하는 경우가 많다. 바로 부동산가격의 상승은 곧 돈의 가치하락이다. 앞장의 그래프로 보았듯이 통화량의 지속적인 증가로 인하여 돈의 가치가 지속적으로 하락하는 데도 사람들은 돈의 가치가 떨어지는 것은 의식을 못하고 효용가치는 과거에 비해 떨어진 부동산의 가격이 자꾸 상승을 하니 받아들이기 힘들다. 어쨌든 위에서 설명 드린 바와 같이 부동산의 현재 가격은 늘 비싸다. 이 명제를 인정하지 않으면 부동산가격은 늘 여러분의 감정을 자꾸 건드릴 수밖에 없다.

스스로 통제할 수 없는 곳에
투자하지 마라

제가 운영하는 부동산 사무실에는 수익형호텔 투자의 홍보 팸플릿을 비치할 수 없고 직원이 홍보하는 것은 더더욱 안 된다. 제 사무실은 내가 사는 지역 중 고급아파트가 몰려 있는 동네로 게다가 아파트단지 입구 로터리, 입지가 좋은 곳에 위치하고 있어 이런 홍보를 하고 싶어 하는 사람들이 홍보 팸플릿을 들고 자주 들른다. 열심히 일하시는 그분들의 면전에서 바로 말하지는 않아도 그분들이 돌아가면 직원들은 두고 간 팸플릿을 싹 치운다. 처음엔 우리 직원들도 한 푼이라도 더 벌어보려고 비치하고 했었는데 나의 투자철학이 그렇다는 것을 알고 난 다음부터는 눈치껏 빨리 치운다. 왜 필자가 이런 홍보물을 비치도 못하게 하는가 하면 바로 '스스로 통제할 수 없는 것에 투자하지 마라'라는 나의 투자철학 때문이다. 투자는 스스로 통제할 수 있어야 한다. 투자는 안 되면 내가 어떻게라도 노력하여 바꿀 여지가 있어야 한다. 내 노력이 결실을 맺을 수 있는 시스템이어야 한다는 점이다.

투자는 위험이 항상 따르게 마련이다. 그러므로 투자해서 상황이 나빠질 수도 있고 좋아질 수도 있다. 그러나 상황이 좋아지는 것은 크게 걱정할 일이 아니다. 바로 상황이 나빠졌을 때 어떻게 대응하는가가 문제이다. 예를 들어 수익형호텔 상품에 투자를 했다고 치자. 확정수익률 보장도 좋지만 그것이 법적으로 제대로 보장이 되는 것인지부터 시작해서 보장이 안 되었을 때는 어떻게 할 것이며, 시행한 법인이 사정이 있어 변경된다든지, 공중분해된다든지 하면 분명 문제가 생긴다. 그리고 앞의 문제는 전부 클리어했다고 하더라도 내가 지급받는 수익률이 점점 내려간다든지, 호텔 자체가 경영악화의 문제라든가 영업의 문제라든가 서비스의 문제라든가 하는 문제가 있어 실적이 나빠질 수는 얼마든지 있다. 또 실적에는 문제가 전혀 없어도 어쨌든 여러분이 받는 수익은 계속 떨어질 수도 있다.

그런데 이때 수익형호텔에 투자한 여러분은 과연 무엇을 할 수 있는가? 당신이 경영에 참가할 수 있는가. 당신이 영업은 간접적으로 할 수 있다고 하더라도 서비스를 직접 할 수 있는가. 또 왜 실적은 어떻고 수익률이 어떻고 하며 따질 수가 있는가. 투자는 잘못될 수도 있고, 위험에 빠질 수도 있고, 수익이 악화될 수도 있다. 그러나 중요한 것은 그럴 때 자기가 노력을 하면 나아지고 개선되고 발전될 여지가 있어야 한다. 자기 스스로 개입할 그런 여지가 있는 것이 통제할 수 있는 것이고, 자기가 개입하고 노력도 해 볼 여지가 없다는 것은 스스로 통제할 수 없는 투자 상품인 셈이다.

또 하나 스스로 통제할 수 없는 부동산투자라고 생각하는 것이 바로 조합원 아파트 투자다. 조합원 아파트는 조합원을 모아 조합원이 내는 돈으로 사업을 진행한다. 일단 이 조합원 아파트사업은 추진하는 사람들이 돈이 없이 시작하는 경우가 대부분이고 전문성이 별로 없는 사람들로 연결되어 구성된 경우가 많아 그 자체로도 위험하다. 조합원으로 한 번 가입하면 빠져나오기도 어렵고, 조합원이 부담하는 비용도 수시로 늘어나고, 전문성이 없고, 수많은 조합원을 상대해야 하니 기간도 오래 걸린다. 그리고 지방은 조합원 아파트에 대한 실적과 경험이 서울 수도권처럼 많은 것이 아니므로 잘 끌어갈 확률이 아주 낮은 상황이다. 일반 아파트 분양처럼 분양받는 사람에게 여러 안전보장장치가 되어 있는 것도 아니다. 조합원 한 사람의 힘으로는 이 어렵고 복잡한 과정을 결국 아무것도 통제할 수 없다.

　기획부동산의 투자형태도 대부분 이런 기준으로 보면 투자에 적합하지 않음을 알 수 있다. 기획부동산에서 주로 소개하는 물건은 큰 임야를 실제 분할도 하지 않고 자기들이 임의로 도면분할을 한 것을 여러 명이 같이 지분투자를 하는 것이 대부분이다. 이때 같이 투자하는 여러 명은 전혀 일면식도 없는 사람들이다. 그리고 실제 100평씩 지적 분할을 했다손 치더라도 도로문제나 허가상 문제로 자기 혼자 100평을 개발할 수가 없는 상황이 대부분이다. 누군가 한 사람이 전체 면적을 위임받아 개발을 하지 않는 이상 도저히 개발할 수가 없다. 그런데 일면식도 없는 사람에게 누가 위임을 할 수 있단 말인가. 자기 혼자서는 아무것도 할 수 없다. 그럼에도 불구하고 등기도 제대로 안 해주는 기획부동산이 많다. 제가 거론한 수익형호텔 투자, 조합원 아파트 투자, 기획부동산 투자를 하면 수익이 나쁘다는 것을 말하고 싶은 것이 아니다. 수익은 얼마든지 낼 수도 있다. 다만 이런 형태의 투자는 여러분 스스로 통제할 수 없는 투자라는 것을 알아야 한다는 사실이다. 그리고 필자의 투자철학으로는 다른 투자 상품이 없는 것도 아닌데 굳이 이렇게 스스로 아무 통제도 할 수 없는 상품에 투자할 이유가 없다고 생각한다. 부동산투자, 스스로 통제할 수 없는 곳에 투자하지 마라.

함부로 리스크를 말하지 마라. 가장 큰 리스크는 바로 투자자 자신의 무지다

미국에서 활동하는 투자가이며 스위스 은행가 집안에서 태어난 막스 권터가 쓴 '스위스 은행가가 가르쳐주는 돈의 원리'라는 책에는 12가지 돈의 원리가 나오는데 12가지 중 제1원리가 바로 이 '리스크'에 대한 것이다. 제1원리 '부자가 되려면 리스크를 감수하라.' 간단하지만 아주 멋진 말이다. 그러나 제1원리에는 이보다 더욱 멋진 말들이 마구 행복할 정도로 연이어 쏟아진다. '투자와 투기의 차이는 생각의 차이에 지나지 않는다. 투기라고 하면 거칠고 비도덕적이며 경솔하게 기회를 찾아 내닫는 사람이라는 인상이 강할지도 모르겠다. 그래서 당신은 투기가가 아닌 투자가가 되고 싶은 건지도 모른다. 투자가 쪽이 확실히 안전하고 품위 있게 들린다. 그러나 실제로는 아무런 차이가 없다. 항상 솔직하게 말하는 제럴드 로브(당시 월가에서 가장 존경받는 투자자문)의 표현처럼, "모든 투자는 투기다. 유일한 차이는 어떤 사람은 인정하지 않을 따름이다." 오찬과 점심식사의 차이 같은 것이다. 햄과 소시지를 넣은 샌드위치를 뭐라 부르든 낮에 간단하게 먹는 식사임은 분명하다. 차이는 누군가가 다르게 생각하고 싶어 한다는 점뿐이다.

내가 리스크에 대한 이야기를 시작하면서 제일 먼저 투자와 투기에 대한 이야기를 인용하는 이유는 두 가지다. 첫째는 한국은 정부와 언론이 이 투자와 투기에 대한 문제를 너무 근거 없이 정치적으로 또는 상업적으로 남용해 와서 국민이 투기라는 단어에 대해 무의식적으로 죄의식을 가진다는 사실이다. 이것은 부동산에 한해서 더욱 심한데 어쨌든 한국이 고도성장을 해오면서 이 투자와 투기를 구분 지으려고 하는 태도가 국민들이 부동산투자에 쉽게 다가가지 못하게 하는 큰 리스크로 작용했다는 점이다. 둘째는 돈의 원리 저자인 막스 귄터와 월가 투자자문 제럴드 로브만큼 투자와 투기에 관해 명쾌하게 말한 사람을 난 일찍이 보지 못했다. 공무원이 직위를 이용하여 얻은 정보를 가지고 사적 이익을 취하는 경우는 투자, 투기를 떠나 일종의 범죄이므로 그런 특별한 경우를 제외하고 한국형 투자와 투기는 사실은 구분할 가치가 없다는 말이다. 그러므로 우선 이 투기라는 단어에 대한 올가미와 리스크에서 우린 먼저 벗어나야 한다.

　이익을 추구하는 대부분의 투자는 그것을 투기라고 부르든 어떻든 상관없이 리스크를 동반한다. 안전한 은행예금이라고 하더라도 아주 드물지만 은행이 파산할 수도 있고, 국채도 국가부도 사태를 맞이할 수 있으므로 리스크는 매우 낮지만 조금은 있다. '하이 리스크 하이 리턴'이라는 말이 있듯이 리스크가 낮다는 것은 그만큼 수익도 적음을 의미한다. 그런데 수익은 적지만 리스크가 아주 낮으므로 난 은행이자를 선택해서 편하게 살겠다, 하면 되는데 대부분의 사람들은 이 수익과 리스크 앞에서 모호한 태도를 취한다. 은행이자 수익으로는 도저히 노후생활을 해결할 수 없으니 만족도 못하고 리스크는 또 감수하기 싫다. 수익은 탐나지만 잘못 투자하여 그나마 가진 돈마저 잃지 않을까 걱정인 셈이다. 필자의 생각으로는 이런 터무니없는 욕심이자 모호한 태도가 오히려 투자를 방해하는 리스크이다. 여기서 분명히 하자. 예를 들어 현재 50세인 갑돌이는 대출 2억 원을 낀 3억 원짜리 집과 여유자금 1억 원이 있다. 현재 연봉은 5천만 원 정도지만 월 50만 원도 저축이 안 되는 생활이다. 60세 정년까지 일해도 여유자금 1억 원을 은행에 넣든 대출을 갚고 매달 50만 원씩을 저축해도 10년 뒤 여유자금은 2억 원 이상 만들기가 힘든 실정이다. 2억 원으로 노후를 편하게 보낼 수 있을까? 그러면 갑돌이의 노후 생활자금은 과연 얼마나 들까? 대충이라도 계산을 해 보자. 갑돌이가 한국인의 평균수명까지만 산다고 해도 앞으로 60세 은퇴 후에도 20년 정도의 생활비가 필요하다. 부부 1년에 기본 생활비야 월 300만 원 정도면 되겠지만 그래도 조금 여유 있게 살려면 월 400만 원 정도는 필요하다. 그럼 1년에 4800만원이고 20년이면 10억 정도가 필요하다는 결론이다. 그러면 지금 이대로는 월 100만 원도 채 안 되는 연금을 받는다 하더라도 갑돌이의 노후가 빈곤에 내몰릴 가능성이 거의 100%이다. 상황이 이런데도 원금 1억 원을 잃을까 하는 리스크를 감수하지 못하여 투자를 주저한다면 그것이야말로 노후생활이 빈곤에 그대로 노출되는 리스크를 안아야 한다. 이 리스크는 오히려 투자를 해서 원금을 까먹을 리스크보다 훨씬 더 크다. 게다가 앞으로 10년간 60세 정년은 누가 보장해 주는가. 90세까지 살면 5억 원이 더 필요하다. 구체적으로 따져보면 원금을 잃는 한이 있더라도 투자를 해야 하는 것이 명약관화한데 이 리스크를 극복 못하고 주저하고 막연히 시간을 보내다 급기야 그 상황을 맞닥뜨리고 나서야 후회를 하게 된다. 참고로 한국은 OECD 국가 중 노인빈곤률이 가장 높다.

가장 큰 리스크는 바로 투자자 자신의 무지다.

그러므로 리스크를 생각하는 데 있어 중요한 것은 투자에 어떤 리스크가 있는지 알고 돈이나 경제에 관한 지식과 지성을 높여 리스크에 대비하는 방법을 찾아야 한다. 만약 무지한 사람이 리스크가 100이라면 어느 정도 지식을 갖추기만 하면 이 리스크의 수치는 확 내릴 수 있고 많은 경험으로 인한 지혜까지 겸비한 투자자라면 90 이상까지 거의 대부분의 리스크를 회피할 수 있게 된다. 일본의 투자교육 전문가 이즈미 마사토는 '돈의 교양'이란 책에서 리스크에 대하여 이렇게 적고 있다.

"자산운용이나 투자라고 하면 대박을 터뜨리고 싶어 하는 지저분한 사람이나 하는 것이라는 이미지가 있을지도 모른다. 이를테면 땀 흘려 손에 넣은 돈은 아름다우며 그렇지 않고 손에 넣은 돈은 더럽다는 사고방식이다. 물론 사회를 위해 땀 흘려 일하는 것은 어느 시대에나 가치 있는 행동이다. 그러나 앞으로는 '투자를 하는 데 따른 리스크'보다도 '투자를 하지 않는 데 따른 리스크'가 훨씬 더 큰 시대가 된다. 돈에게 일을 시키지 않는 것, 즉 투자를 하지 않는 것은 수입원이 급여 등의 노동 수입밖에 없음을 의미한다. 이는 마치 밧줄 하나에 의지한 채 벼랑 끝에 매달려 있는 것과 같은 상태다. 수입이 많은 사람의 밧줄은 그만큼 굵다. 그러나 행여 회사가 도산하거나 정리 해고를 당하면 어떻게 될까? 하나밖에 없는 밧줄이 끊어지면 그대로 떨어지는 수밖에 없다. 이는 밧줄(수입)이 아무리 굵어도 마찬가지다. 그러나 여기에 투자라는 '또 하나의 수입원'을 만들면 그것이 든든한 생명줄이 되어 준다."

리스크를 꺼리는 심리는 결국 손해 보기 싫어하는 마음이다. 모든 투자의 의사결정이 어려운 이유는 손해 보고 싶지 않은, 잃고 싶지 않은 바로 이 리스크 때문이다. 그러나 투자는 이 리스크를 감수하고 극복하지 않으면 아무 의미가 없다. 그러므로 리스크에 대한 것을 극복하지 않고는 투자에 대한 이야기를 더 이상 할 수가 없다. 누구나 다 설레는 첫 경험이 있다. 여러분도 무엇이든 첫 경험을 한번 떠올려보라. 한 사람도 어김없이 긴장하고 두근거리고 또 불안했을 것이다. 아무리 지금은 전문가라도 어설픈 이 첫 경험에 대한 기억은 누구나 갖고 있다. 필자도 부동산계약의 첫 경험, 경매 첫 입찰의 경험, 첫 부동산투자의 경험 등 첫 경험을 떠올려보면 전부 어설프고 또 불안했다. 누구나 시작은 그렇게 할 수밖에 없다. 그렇게 시작해서 세계적으로 유명한 투자귀재도 되는 것이다. 걱정 없는 삶이 어디 있으며 첫술에 배부른 것이 있는가. 시작은 미미하지만 그 끝은 창대하리라 했다. 우린 내일 죽을 리스크를 안고도 오늘 웃으며 살고 있지 않은가. 더 이상 무슨 리스크가 있는가. 리스크를 기꺼이 감수하라! 리스크, 이것은 당신이 부자의 길로 가기 위해서는 꼭 통과해야 할 관문이다. 리스크, 이것은 당신에게 행복을 열어주는 좋은 열쇠다. 그래도 리스크가 두려우면 이 세상 어떤 훌륭한 철학자보다 멋진 말씀을 하신 이순신 장군의 생즉사, 사즉생生卽死, 死卽生을 생각하라. 살기에 급급하면 오히려 죽을 것이오, 죽기를 각오하면 반드시 살 것이다.

 추천 성공투자 도서 ❺

일본의 돈 전문가 이즈미 마사토의 '돈의 교양'

환금성이 나쁘다는 것은
부동산 최고의 장점이다

보통은 환금성이 나쁜 것은 부동산의 단점이라고 알고 있다. 팔고 싶을 때 주식처럼 쉽게 팔 수 없다는 말이다. 부동산이 환금성이 나쁜 것은 맞다. 그러나 환금성이 나쁜 것이 단점이라는 것에는 필자는 수긍하지 못한다. 왜냐하면 부동산이 환금성이 나쁜 것은 오히려 투자자 자신에게 유리하다고 생각하기 때문이다. 얼른 이해가 안 되겠지만 주식과 비교를 해 보자. 주식은 일반적으로 리스크는 부동산에 비하면 크지만 환금성은 매우 좋다. 현금으로 환금하고 싶으면 거의 언제나 가능하다. 그런데 필자가 볼 때 주식이 이렇게 환금성이 좋은 것은 주식의 치명적인 단점이다. 주식투자자는 부동산투자자보다 더 높은 수익률을 바라고 투자를 한다. 그런데 수익률이 높아지려면 어느 정도는 오래 보유를 해야 하는데 환금성이 너무 좋아서 쉽게 팔아 버리게 된다. 원래 주식가격은 변동성이 크기 때문에 조금 오르거나 내리면 투자자들이 사고파는 것을 도저히 참아내지 못한다. 특히 가격이 오를 때에는 이익을 실현하고 싶은 마음이 커져서 그대로 쥐고 있질 못하고 팔아 버린다. 이런 조급함이 생기는 직접적인 이유는 주식은 언제든지 시장에 내어놓으면 팔 수 있기 때문이다. 스마트폰이나 컴퓨터로 버튼 하나만 누르면 거래가 끝난다. 한마디로 환금성이 너무 좋아서 사고파는 시기를 인간의 마음으로 제어하기 어렵다는 말이다. 그래서 주식을 할 때는 부동산보다 훨씬 더 분명한 원칙을 정하고 투자하는 것이 좋다. 필자는 주식은 한 번밖에 하지 않았지만 한 번으로 끝냈기 때문에 승률은 아직 100%다.

부동산은 환금성이 나빠서 투자자 본인이 내어놓아도 쉽게 팔리지 않는 경우가 많아서 의도하지 않았지만 장기적으로 보유하게 되는 경우가 많다. 이렇게 부동산의 특성상 오래 보유하다 보면 어느새 가격이 오른다든지 해서 돈을 많이 벌게 되는 경우가 허다하다. 주식은 오르고 내릴 때 인간의 마음으로 도저히 제어가 안 되고 부동산은 반대로 환금성이 나쁜 부동산의 특성상 어쩔 수 없이 보유하고 있다가 성공을 한다. 그러므로 부동산은 환금성이 그저 나쁜 것이 아니라 적당히 나쁘다. 인간의 마음으로 잘 제어할 수 없는 것을 환금성이 적당히 나빠서 오래 보유하도록 만들기 때문이다. 결국 주식은 환금성이 너무 좋아서 벌기 어렵고 부동산은 환금성이 적당히 나빠서 돈을 벌기가 쉽다. 우리나라 최고의 주식부자는 이건희 삼성전자 전 회장이다. 이건희 회장은 우리나라에서 어떻게 최고의 주식부자가 되었을까. 삼성의 주식을 가장 많이 보유하고 있고 주가가 높기 때문에? 물론 그렇게 생각할 수도 있지만 필자는 다르게 생각한다. 이건희 회장이 우리나라 최고의 주식부자인 이유는 주식을 팔지 못하고 계속 그대로 보유해야 하기 때문이다. 다른 사람에겐 주식은 환금성이 매우 좋지만 이건희 회장에게 있어서 주식은 환금성이 매우 나쁜 것이다. 이건희 회장이 일반투자자처럼 보유한 주식을 자유롭게 팔 수 있었다면 우리나라 최고의 주식부자가 됐을까. 어림도 없는 일이다. 이것은 돈의 원리나 투자라는 관점에서 보면 욕망과 감정을 앞세우기 쉬운 인간을 환금성이 조절하는 역할을 한다는 것이며, 또 한편 인간의 역할과는 전혀 상관없이 환금성이 적당히 나쁜 그 자체만으로 부를 불러온다는 말이다.

그러므로 환금성이 좋다고 장점만 있는 것이 아니고, 환금성이 나쁘다고 단점만 있는 것이 아니다. 환금성이 나쁜 것은 그냥 나쁜 것이지 그것이 장점이 되거나 단점이 되는 것은 당사자가 어떻게 활용하느냐의 차이이다. 자식에게 유산을 물려주어도 현금이나 환금성이 좋은 주식을 물려주는 것보다 환금성이 적절히 나쁜 부동산을 물려주는 것이 헤프게 써버릴 위험이 덜하다. 또 내가 현금을 가지고 있으면 어떻게 알고 누가 와서 빌려달라든가 자식이 빼가든가 하여 금방 사라지게 된다. 그러나 부동산으로 보유하고 있으면 돈이나 주식은 쉽게 내놓으라고 하고 쉽게 팔아달라고 하지만 부동산은 환금성이 없어서 이럴 때도 자산을 지키기에 유리하다. 우리가 어떤 사람의 장점, 단점을 평가할 때 그 사람이 실제로 장점이 많아야 장점을 많이 볼 수 있는 것은 아니다. 보는 사람의 눈이 긍정적이면 단점도 장점으로 승화시킬 수 있다. 성격이 내성적이다, 외향적이다는 옳고 그름 또는 장점 단점의 문제가 아니다. 장점으로 활용하면 장점이 되고 단점으로 쓰면 단점이 된다. 우리가 누군가의 말을 옳다 그르다 하는 것은 매우 건방진 생각이다. 옳고 그름을 떠나 장점 단점을 떠나 내가 옳다고 생각하면 옳은 것이고, 장점으로 활용하면 장점이 되는 것이고, 단점으로밖에 못 써먹으면 단점이 될 수 밖에 없다. 그러므로 부동산은 환금성이 나쁘니까 단점이라고 단언하지 마라. 그냥 환금성이 나쁠 뿐이다. 그렇지 않은가. 환금성이 좋아 판 사람이 있고 나빠서 팔지 못한 사람이 있다. 그 후 계속 오르기 시작했다면 과연 누가 이익인가?

부자는 빚을 내지 않는다. 다만 적극적으로 레버리지를 할 따름이다

일본에서 수십억 혹은 수백억 자산을 가진 상위 1% 부자들의 생각과 행동 그리고 습관을 연구하여 '부자의 습관'이란 책을 펴낸 경제평론가 가야 게이치는 '부자는 물건을 절대 빌리지 않는다'는 파트에서 이렇게 말했다. '부자가 되는 습관이 몸에 밴 사람은 정말 필요한 물건을 다른 사람에게 빌리지 않고 자신의 돈을 쓴다. 그런데 부자가 예외적으로 타인에게 빌리는 것이 있는데 그것은 투자금이다. 어떤 부동산이 값이 오를 것 같을 때 은행에서 돈을 빌려서 그 부동산을 구입하고 나중에 비싸게 팔아서 돈을 갚으면 자기 현금으로 사서 파는 것보다 훨씬 큰 시세차익을 볼 수 있기 때문이다. 반대로 자신이 판단하기에 돈을 벌 수 있는 상황에서 자신이 현재 가지고 있는 돈이 부족하다고 투자를 포기한다면 그 또한 부자가 될 수 없다. 돈을 벌 수 있는 기회라고 판단했을 때 부자들은 주저 없이 은행에서 돈을 빌려 소신껏 투자한다. 돈을 유용하게 쓴다는 것은 이런 경우를 두고 하는 말이다.' 이 말은 부자들은 투자를 할 때 레버리지를 적극적으로 한다는 의미이다.

레버리지는 우리말로 지렛대다. 예를 들면 1억 원의 물건이 있는데 나에게는 현금 3천만 원밖에 없다. 그러면 상식적으로는 3천만 원으로 1억 원의 물건을 절대 살 수 없다. 그런데 은행에서 사는 물건을 담보로 하여 7천만 원을 빌리면 살 수가 있다. 그러므로 레버리지한다는 말은 나에게 3천만 원밖에 없어도 은행에서 7천만 원이란 돈을 빌려 그것을 지렛대 삼아 내가 1억 원짜리 물건을 들어 올린다는 말이다. 이렇게 레버리지를 하여 연 10%의 수익률을 올렸다면 결산을 한 번 해 보자. 1억 원의 연 10%는 1,000만 원의 수입을 올렸다는 말이다. 만약 은행이자율이 3.5%라면 은행에 이자로 1년에 350만 원이 나간다. 그러면 650만 원의 수익이 남는다. 나의 투자수익률은 얼마인가. 나의 실투자금은 3천만 원이므로 650만원÷3000만원=21.7%이다. 단순 수익률이지만 이 결과를 어떻게 생각하는가. 5년 만 운영하면 108.5%로 투자한 원금이 배로 불어난다. 그것도 자본주의 집단 중에 가장 돈을 잘 알고 잘 활용하는 은행이 1년에 3.5%의 수익밖에 가져가지 못하는데 나의 수익은 은행의 6배가 넘는다. 만약 나에게 1억 원이란 돈이 있다고 하더라도 부자는 이럴 때 내 돈을 다 주고 부동산을 사지 않는다. 왜냐하면 내 돈을 다 주고 사면 10%의 수익률이 되므로 결국 레버리지해서 얻는 수익률인 21.7%의 반도 되지 않기 때문에 오히려 손해이다. 게다가 내 손에 1억 원이 있다면 그런 1억 원짜리 부동산을 최소 3개는 살 수 있기 때문에 수익률은 65.1%나 된다. 게다가 부동산은 든든한 자산이며 또 이 자산을 5년이나 10년 운용을 하다 팔게 되면 양도차익도 남길 수 있다. 이 모든 이익이 은행의 돈을 이용했기 때문에 가능했다. 이렇게 은행 돈을 이용하여 자기 자본의 수익을 극대화시키는 것을 레버리지 효과라고 말한다.

조금 자세하게 수익률을 다뤄보자. A는 자기자본 3천으로 1억짜리 물건을 금리 3%인 은행자금 7천을 이용하여 샀다. 취득비용은 500만 원이라고 가정해보자. 이 물건으로 1년에 수익률 10%를 냈다면 은행과 투자자는 각각 얼마를 벌었을까? 1억의 10%는 1,000만 원의 수익이다. 이 수익으로 은행이자 1년치 210만 원을 제외하면 790만 원의 수입이 남는다. 관리비용 5%를 제외해도 740만 원의 순수익이다. 이 결과는 은행은 7,000만 원을 투자하여 210만 원을 벌었지만 은행의 반인 3,500만 원을 투자한 A는 은행의 3.6배인 740만 원을 벌어 수익률

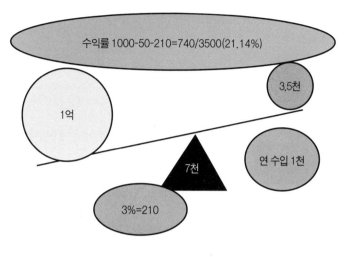

그림1 레버리지 효과

21.14%를 기록했다. 이것은 은행수익률의 7배 이상이다. 이것을 레버리지 효과라 한다. 영어로 레버리지leverage는 지렛대로 은행돈 7,000만 원을 지렛대 삼아 1억 원의 물건을 들어 올린다는 뜻이다.

간혹 고객 중에는 나는 빚을 지고는 절대 못 산다고 하시는 분들이 제법 있다. 혹시 이 글을 읽고 있는 당신은 그런 생각을 갖고 있지 않은가. 그렇다면 정말 다행으로 생각하시기 바란다. 제가 지금 투자에 큰 걸림돌이 될 수밖에 없는 그 생각을 바꿔드리려고 하기 때문이다. 똑같이 돈을 빌리는 것이지만 레버리지와 빚은 완전 다르다. 부자는 빚을 내지는 않는다. 단지 레버리지를 할 뿐이다. 레버리지는 매우 긍정적이고 적극적이고 능동적인 의미를 내포한 단어이지만 빚은 매우 부정적이고 소극적이고 수동적인 의미를 내포하고 있는 단어다. 빚은 왠지 생활에 찌들리고 어깨가 짓눌리고 늘 독촉 당해야 될 것 같은 그런 돈이다. 그래서 예부터 우리 어른들이 빚지면 안 된다 빚지면 안 된다고 입버릇처럼 말해 왔다. 그 당시에는 제도권의 은행이 거의 없을 때이니 이자도 굉장히 비싸고 독촉도 심했다. 그러나 레버리지는 생활비가 쪼들려서 빌리는 돈이 아니라 투자하는 입장에서 가장 최선의 선택으로 수익률을 극대화하기 위해 은행을 이용하는 것뿐이다. 그래서 빚이라고 하기보다 더 나은 목적을 위해 잠시 은행에서 차입하는 돈이다. 그러므로 언론이나 정부에서 '가계빚 폭증'이라는 말을 자꾸 사용하는 것은 대중은 부정적이고 강한 단어에 관심을 더 표시하기 때문에 위험하다는 것을 무리하게 강조를 하기 위해서이다. 빚은 위험할지 몰라도 레버리지는 거의 위험하지 않다. 예를 들어 경기악화나 금리상승으로 연 수익이 1,000만 원에서 500만 원으로 절반으로 줄어들었다고 하자. 수익이 반으로 줄었다는 것은 사실 거의 올 수 있는 최악의 상황이다. 그래도 투자금 대비 수익률은 7.6%다. 만약 은행 이자가 3.5%에서 6%로 올랐다 하더라도 은행이자를 낼 수 없는 것도 아니고 그럼에도 불구하고 은행보다 2배 가까운 수익이 남는다. 그러므로 부동산 투자에서 실패하는 것은 레버리지를 과도하게 해서, 즉 무리하게 은

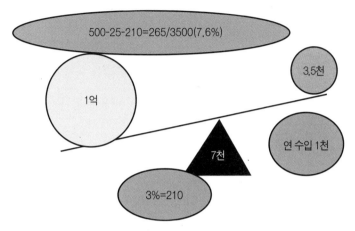

그림 2 레버리지했을 때, 최악의 경우 수입이 반으로 줄어들었을 때의 수익률

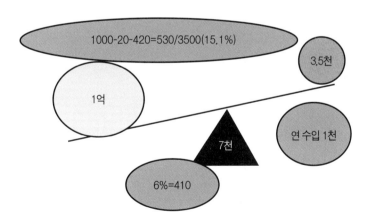

그림 3 레버리지했을 경우, 대출금리가 3%에서 6%로 올랐을 때의 수익률

행 돈을 빌려서 샀기 때문에 실패하는 것이 아니라 수익이 제대로 나지 않는 물건, 한마디로 물건을 잘못 사서 실패를 하는 경우가 훨씬 많다. 부동산 성공투자의 관건은 돈을 과도하게 빌렸느냐 아니냐에 따라 성공실패가 결정되는 것이 아니라 얼마나 좋은 물건을 선택했느냐 아니냐에 따라 결정될 확률이 훨씬 높다. 레버리지 비율보다 가치판단이 더 성패를 좌우한다는 말이다.

IMF 위기 때처럼 은행이자율이 엄청 오르면 어떻게 하는가라고 말하고 싶은 사람도 있을 수 있다. IMF 외환위기 때는 부동산가격은 내리고 은행이자율은 20%를 넘어 당시 부동산 소유자들이 이자를 감당하지 못해 경매로 많이 넘어간 것은 사실이다. 그러나 당시에는 위기전에도 7~8%대로 이자율이 매우 높았고 그리고 그때와 지금의 한국 경제와 금융환경이 많이 달라졌다. 외환위기를 극복한 후부터 지금까지 17년간의 은행이자율 변화를 보면 최고로 높게 올랐던 시점이 5%대의 이자율이며 평균 3%대의 이자율을 유지하고 있다. 지금 한국의 경제수준에서 이자율이 1년에 몇 %씩 오른다고 생각하는 것은 사실 억지에 가까운 것이며 충분히 이자율의 장기적인 추세를 읽을 수 있는 환경이 되었다. 만약 대출금리가 지금보다 2배로 올랐을 경우, 즉 금리 스트레스 테스트를 했을 경우에도 내가 감당할 수 있는 재무구조를 가지고 있는지 수익률을 파악해보는 것도 중요하다. 또 우리가 개인에게 돈을 빌리려면 연 10%의 이자를 준다 해도 쉽지가 않다. 담보력이 없고 신용이 없는 사람은 20%도 어려운 것이 현실이다. 그런데 부동산 담보대출을 이용하면 지금은 3~4%면 해결된다. 그만큼 생활비 조달에도 담보력이 있는 부동산은 매우 유용하다. 사실 대출은 투자를 위해서만 꼭 해야 하는 것은 아니지 않은가. 생활비가 없다고 부동산을 파는 것보다 대출을 해서 쓰는 것도 우리에게 자유롭게 선택할 수 있는 선택지로 있으면 훨씬 생활이 편리하다. 그러므로 돈을 빌리는 것도 인식의 전환이 필요하다. 똑같은 돈을 빌리는 것이지만 빚을 지지 마라 할 때의 그 돈과 투자는 적극적으로 레버리지하라 할 때의 그 돈은 하늘과 땅 같은 차이가 있음을 인식하기 바란다. 다시 한 번 강조하지만 부자는 레버리지를 잘 하는 사람이다. 그러므로 투자는 적극적으로 레버리지하라!

chapter

3

———

부는
사람으로부터
나온다

———

부동산 사무실에 대한 인식이 당신의 성공투자를 좌우한다

부동산투자를 할 때 물건을 소개받고 계약을 하는 곳인 부동산 사무실. 그런데 부동산투자를 하는 사람들이 정작 이 부동산 사무실에 대해서 잘 모르는 경우가 많다. 법적으로 개업공인중개사라고 말하는 부동산 사무실은 과연 어떤 곳인가? 일반적으로는 부동산 물건에 대하여 매도인 측과 매수인 측의 중간 입장에서 거래를 성사시키는 중개 사무실이다. 그런데 부동산 거래는 금액이 크기 때문에 개인적으로는 부동산투자 개념도 포함되어 있는 경우가 많다. 그리고 부동산투자를 전문적으로 하는 곳이 별도로 없기 때문에 일반 국민들의 입장에서는 부동산투자를 하려고 할 때도 이 개업공인중개사인 부동산 사무실 외에 딱히 떠오르는 곳이 없는 것이 현실이다.

그런데 부동산 사무실이 부동산투자를 주도할 만큼 전문화가 되어 있느냐라고 의문을 던지면 속 시원히 답이 나오지 않는 것 또한 현실이다. 부동산투자와 거리가 먼 단순임대도 사기사건에 휘말려 일반 국민들의 재산권 피해가 지속적으로 일어나는데 과연 부동산투자라는 더 전문화된 분야에서 이 개업공인중개사를 신뢰할 수 있느냐 하는 점은 명확히 답변하기 어렵다. 다만 투자자 자신이 사기사건에 말리지 않도록 최대한 조심할 수밖에 없다. 그런데 상담을 해 보면 사람들의 인식은 전혀 그렇지 않다. 처음 대면하는 개업공인중개사라도 사람들은 보수를 지급하고 의뢰를 하는 이상 그런 법적인 문제는 완벽하게 중간에서 점검할 것으로 대부분 생각한다. 그렇기 때문에 우리가 개업공인중개사를 믿고 거래하는 것이 아니냐며 반문하지만 사실은 아니다.

우리나라는 개업공인중개사가 법적인 모든 문제를 조사하지도 않거니와 모든 책임을 지는 시스템이 아니다. 일단 선진국처럼 모든 책임을 질 만큼 보수가 높지 않다. 한국의 부동산 중개보수는 미국, 유럽 같은 선진국의 5분의 1 이하 수준이다. 이마저도 비싸다고 말한다. 그리고 개업공인중개사에 대한 사회적인 인식도 나쁘게 말하면 분명 자업자득인 면도 있지만 반 사기꾼 집단으로 인식할 정도로 나쁘다. 또 물건 중개도 선진국은 대부분 전속중개로 직거래는 거의 없어 한 부동산 사무실에 의뢰하면 다른 부동산에 물건을 의뢰하지 못한다. 그러나 한국은 직거래도 많고 제도가 뒷받침해주지도 않은 상태에서 개업공인중개사 사무실 수만 너무 많아서 서로 물건을 뺏고 뺏기는 업무환경이라 한 물건에 대하여 그만큼 사명감이 떨어질 수밖에 없다. 법적으로도 심도 있게 조사하지 못하고 법적 책임이 명확하게 법률로 명시되어 있는 '확인설명서'의 내용에 있는 것만 확인하고 설명해주는 정도로 끝내는 것이 대부분이다. 게다가 의뢰인들의 부동산관련 법적 지식이 매우 낮기 때문에 계약서를 쓸 때 무엇을 어떻게 꼼꼼하게 확인하여야 하는지도 잘 모른다. 이런 후진적인 공인중개사 제도가 뿌리 깊게 박혀 있으므로 거래사고가 빈번하게 일어나게 된다. 이것은 어느 한쪽의 잘못도 아닌 총체적인 정부제도의 부실이 가져온 결과이다.

한국은 장기적인 저금리로 인하여 전세에서 월세로 변해가는 시점이라 전세 물건이 귀하다. 다가구주택의 보증금 사기사건도 그렇지만 이럴수록 전세 물건에는 개업공인중개사와 임차인 모두 경계를 늦추지 말아야 하는데 그렇지 않아 사고가 끊임없이 일어난다. 실제 사례를 보자. 어떤 빌라가 전세로 나왔다. 전세가 귀하고 게다가 시세보다 약간 싸게 나온 물건이라 임차인은 빨리 계약을 하고 싶어 한다. 그런데 계약 당일 개업공인중개사가 토지주인과 건물주가 어떤 사정으로 별도로 되어 있다고 전하면서 나중에 별 문제없이 이 문제는 해결될

거니까 걱정하지 말라고 말해서 임차인은 그 말을 믿고 계약을 하고 살고 있었다. 그런데 건물주와 토지주가 결국 법적 분쟁이 붙어 건물에 철거소송이 진행되어 토지주가 1심에서 승소한 상태다. 그때부터 임차인들은 비상사태가 된다. 어떻게 이런 일이 일어날 수 있을까? 계약서와 확인설명서를 보면 토지주와 건물주가 별도인 것으로 확인 설명했고 토지등기에 있는 가처분등기도 모두 확인설명서에 기록해 놓았다. 얼핏 보면 그럼에도 불구하고 임차인이 계약을 한 것으로 보인다. 그러니 개업공인중개사도 확인설명서에 다 기록되어 있지 않느냐고 주장할지도 모른다. 그런데 임차인의 입장에서는 다르다. 그때 개업공인중개사가 아무 문제없을 것이라고 이야기했기 때문에 믿고 계약을 한 것이라고 말한다. 그러나 임차인은 법적 지식이 없다 보니 이것을 계약서에 명시하지 않았기 때문에 이제 와서 책임을 묻기가 애매하게 되었다.

그런데 조금 더 깊이 생각해보면 법적 지식이 있어야 하는 개업공인중개사의 입장으로 보면 공동주택인데도 대지권등기가 없으면 건물이 허공에 떠 있는 것과 마찬가지인데 왜 문제의식을 가지지 않았을까 하는 점이다. 또 사정이야 어떻게 되었건 토지주와 건물주가 서로 다름에도 불구하고 토지주의 위임장도 없이 토지주의 의견조차 전혀 물어보지도 않고 어떻게 한 집안의 전 재산일 수 있는 1억2천만 원짜리 전세계약을 중개해줄 수 있었을까 상식적으로 이해가 가지 않는다. 그것도 한 개업공인중개사에서 빌라 12세대 중 거의 10세대 가까이 전세계약을 체결하고 난 아무 책임도 질 수 없다고 발뺌하기 바쁘니 책임감이라곤 조금도 찾아볼 수 없다. 이런 문제는 책임의 문제를 떠나서 피해자의 마음을 헤아려서라도 우선 원만히 해결될 수 있도록 발 벗고 나서서 중재를 해야 하는 것이 아닌가 생각하는데 우리 부동산 사무실의 현실은 그렇지 않다는데 있다. 위에 설명 드린 것처럼 중개보수가 낮고 개업공인중개사들의 법적 지식수준이 떨어지는데 물건을 뺏고 뺏기는 경쟁은 너무 치열하기 때문에 우선 계약시키고 문제가 생기면 발뺌을 하고 보자는 식의 제도의 총체적 난국이다.

그러므로 중요한 것은 일반 국민이 이 사실을 제대로 인지하고 있어야 한다는 점이다. 사무실 수가 엄청나게 많은 만큼 스스로 조심하지 않으면 누구든지 이런 사건에 휘말릴 여지가 있다는 것을 명심해야 한다. 좋은 제도가 자리 잡히길 바라지만 현재 업계의 실정은 그렇지 않으니 스스로 각별한 주의를 해야 한다. 단순중개 시장이 이 정도니 조금 더 법적으로 판단하기 어려운 부동산투자 시장은 말할 것도 없다. 실제로 잊을 만하면 부동산투자 사기사건이 언론의 뉴스로 등장하지 않는가. 오늘도 연합뉴스에 이런 기사가 올랐다.

"부동산연구소 간판 걸고 230억 투자사기... 피해자 112명. 신항만 부지, 수도권 미분양 아파트에 투자하겠다며 돈 가로채... 원금의 18~30% 수익 보장, 돌려막기 범행"

이런 사건이 발생하면 부동산투자 아카데미를 운영하는 나로서도 허탈하고 또 반면교사로 삼고 반성도 하지만 한편 끊임없이 당하는 사람들에게 느끼는 답답함도 감출 수가 없다. 우리는 살다보면 개인의 재산권을 거래하는 시기가 분명 오게 되어 있으므로 스스로 알지 못하면 미리미리 개인적으로 이런 부동산투자 문제가 생길 때마다 상담을 실시간으로 하며 진정으로 믿을 수 있는 부동산 투자주치의 한 명 정도는 꼭 옆에 둘 수 있도록 평소부터 신경을 써야 한다. 장사하는 사람들이 혹은 부동산임대를 하는 사람들이 세금관계 때문에 매달 세무사 사무실에 지불하는 기장료만 해도 기본이 1년에 2백만 원이다. 그런데 그런 돈은 당연한 듯 쓰면서 정작 전 재산이 왔다 갔다 하는 부동산 거래를 할 때는 이런 부실한 제도적 환경에 놓여 있는 사회적 시스템에 의지할 것이 아니라 여러분이 적극적이고 능동적으로 투자주치의와 365일 연계하는 개인적 시스템을 가동해야 한다고 생각한다.

돈이 아무리 많아도 좋은 물건을 구하지 못하거나 좋은 정보를 얻지 못하면 투자를 성공적으로 하기에는 어렵다. 그리고 좋은 물건과 좋은 정보는 전부 사람이 가져다준다. 그러므로 성공투자를 위해서는 부동산 사무실과의 관계를 잘 정립해야 한다는 인식이 필요하다. 부동산 사무실의 숫자가 워낙 많은 만큼 모두가 여러분의 성공투자에 도움이 되는 것은 아니지만 분명 여러분을 이롭게 할 부동산 사무실은 존재한다. 그런 사무실을 적극적으로 찾아 좋은 관계를 잘 이어가기 바란다.

공인중개사 자격증의 가치는
도대체 얼마일까?

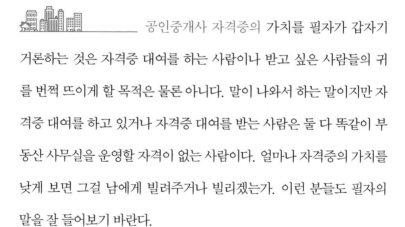공인중개사 자격증의 가치를 필자가 갑자기 거론하는 것은 자격증 대여를 하는 사람이나 받고 싶은 사람들의 귀를 번쩍 뜨이게 할 목적은 물론 아니다. 말이 나와서 하는 말이지만 자격증 대여를 하고 있거나 자격증 대여를 받는 사람은 둘 다 똑같이 부동산 사무실을 운영할 자격이 없는 사람이다. 얼마나 자격증의 가치를 낮게 보면 그걸 남에게 빌려주거나 빌리겠는가. 이런 분들도 필자의 말을 잘 들어보기 바란다.

1985년에 공인중개사 자격증 제도가 도입되어 첫 시험은 6만 명 이

상을 선발했다. 기존 복덕방을 운영했던 연세가 있는 분들에게 기득권을 주기 위해 쉽게 출제해서였다. 그때 필자가 군 제대를 하고 복학을 했을 때였는데 같은 과 재학생 중에는 부모님이나 나이 드신 친지를 위해 공인중개사 시험공부를 하는 학생이 더러 있었다. 그만큼 시험이 쉬웠다. 그러나 갈수록 어려워지고 4회 때부터인가는 시험횟수도 2년에 한 번 시행하는 것으로 바뀌었다. 그때까지만 해도 정부가 우리 사회에 적정한 공인중개사가 어느 정도인지 총수를 염두에 두어 제한을 했었다는 이야기다.

혹시라도 시험이 쉽게 출제되거나 절대평가로 바뀌면 자격증이 많이 배출되니까 상대평가로 바꾸어 합격점수가 평균 80점을 훌쩍 넘는 해도 있었다. 필자가 시험 보기 직전인 8회 때는 너무 어렵게 출제하여 절대평가로 뽑아도 800명 정도밖에 자격증이 배출되지 않았다. 10만 명이 훌쩍 넘게 시험을 봐서 800명 정도가 합격한 셈이다. 그것도 2년에 한 번밖에 시험이 없었다. 그때는 부동산 일을 하시는 분 중에 자격증을 따고 싶은 연세가 조금 있는 분들에게는 정말 하늘에 별 따기 같은 시험이었다. 또 한 번 떨어지면 다시 2년을 기다려야 하기 때문에 정말 힘든 여정이었다. 몇 번이나 떨어졌다며 학원에서 늘 앉아 열심히 공부하시던 당시 연세 있던 아저씨의 얼굴이 20년이 지난 지금도 떠오를 정도이다. 얼마나 자격증을 따고 싶어 했는지 말씀하시던 그 모습이 눈에 선하다. 오랫동안 실무를 하여 알 만큼 아는 그분에게는 자격증 하나가 어떤 가치였을까? 그때는 잘 몰랐지만 지금은 그때 그분의 안타까운 마음이 와 닿고도 남음이 있다.

필자도 9회 시험 합격자니까 절대 자격증을 쉽게 딴 것이 아니다. 지금 공부하는 것이 힘들다고 말하는 사람들은 상상도 할 수 없을 정도로 공부를 하여 겨우 합격했다. 그러니 필자가 1998년 개업하여 부동산 사무실을 정신없이 열심히 할 때는 그 자격증의 가치는 이루 말할 수 없이 크게 생각되었다. 돈을 많이 벌고 싶어 땄고 이 자격증 하나로 이룰 수 있는 것이 너무 많다고 생각했기 때문이다. 그러나 IMF 이후 정부에서 자격증을 매년 만 명 이상 남발하는 것을 멈추지 않을 때, 필자는 불만이었지만 혹시라도 하는 마음에 아내에게도 자격증을 따두라고 시켜 아내도 운 좋게 2005년경 자격증을 땄다. 그때 아내에게 내건 합격상품이 차 한 대와 용돈 1,000만 원이었다. 지금 화폐가치로는 3,000만 원쯤은 될 것이다. 그러나 지금 아내의 자격증은 있어도 크게 활용하지 않는다. 언젠가 필요하면 쓸 수 있는 필요성 때문이다.

현재도 매년 만 명 이상 배출하여 한국의 공인중개사 자격증은 40만을 돌파했다. 개업공인중개사 수가 10만 개에 육박하고 아직도 30만 개가 장롱 자격증인데 요즘도 여전히 공인중개사 자격증을 따고 싶어 하는 사람도 많고 필자에게 자격증 따는 게 좋을까요, 하고 질문하는 사람도 많다. 공인중개사 자격증이 지금은 가치가 없어진 것일까? 당연하지만 공인중개사 자격증의 가치는 수없이 배출된 숫자만큼이나 바닥으로 떨어졌다. 그러나 아무리 낮은 장벽이라도 절실한 사람에게 있어서 궁극적인 가치는 사실은 시험의 쉽고 어려움이나 경쟁업체의 많고 적음이 문제는 아니다. 공인중개사 자격증의 진정한 가치는 과거도 그랬고 지금도 여전히 그 자격증을 손에 쥐는 사람에 달려 있다.

공인중개사 자격증의 단순한 가치는 부동산중개업 사무실을 개업할 수 있는 자격이다. 소위 말해 부동산 물건을 파는 사람과 사는 사람의 중개서비스를 하는 것이다. 그런데 이것은 단순한 가치다. 공인중개사 자격증의 진정한 가치는 부동산 중개에 있는 것이 아니라 사고파는 매개를 통해 자본주의 사회의 기본인 돈의 원리를 알고 투자를 배우고 심화시키는 장소로 발전시켜 나가는 데 있다. 공인중개사 사무실을 자신과 고객의 투자최전선으로 생각하고 활용하는 것이다. 단순히 부동산 중개사무소로 생각하면 자격증을 가진 사람도 응당 거기에 맞는 생각과 행동으로 일을 한다. 그러나 물건 중개뿐만 아니라 자기 스스로 투자의 필요성을 깨닫고 실제 경험하는 장소이며 고객들의 투자 최전선으로 생각하면 일을 하는 내용도 차원이 달라질 수밖에 없다. 투자 최전선, 투자 최전방에는 정보를 어떤 마음으로 다루어야 할지, 어떤 지식으로 무장해야 할지 기본자세부터가 다르다.

공인중개사 자격증 개수도 40만 개를 넘었다고 말했듯이 부동산중개로만 보면 공인중개사의 미래는 이제 암울하다. 외부적으로는 끊임없이 업무영역을 침탈 당하고 갈수록 부동산 중개시장은 자본을 갖춘 대기업이나 법적 지위가 높은 자격의 단체들이 호시탐탐 노리는 먹잇감이 되고 있다. 정부는 이 자격증에 대해 조절은커녕 이제 거의 방치 상태다. 내부적으로도 공인중개사협회는 여전히 갈 길을 찾지 못하고 시장은 포화상태가 된 지 벌써 십수 년이 지났다. 외부에서도 충분히 이런 분위기를 느낄 수 있고 부동산을 하는 사람에 대해서도 투기니 뭐니 하면서 사회적 인식도 좋지 않다. 이런 상황이니 아카데미에서 부동산투자 공부를 하는 사람 중에 자격증에 관심이 있는 사람도 자격증을 따는 것이 과연 맞는지 궁금해한다. 공인중개사는 물론 부동산투자에 대한 자신이 가지는 가치가 크지 않으니 한 번 도전했다 중간에 포기하는 사람들이 많다. 자격증을 대여받아 일하는 사람도 대여하는 것이 값싸고 쉬우니 스스로 노력하지 않는다. 그 사람들은 전부 가치를 제대로 모르기 때문에 남다른 열정으로 이어지지 않는다. 며칠 전에도 자격증에 관심은 있지만 꼭 필요한지 안 한지 잘 모르겠다는 사람에게 필자는 이렇게 답했다.

"만약 당신에게 공인중개사 자격증의 가치가 3억 원이라고 말하면 어떻겠습니까? 하시겠습니까? 저는 이제 자격증이 없어도 별 불편한 사람이 아닙니다만 난 이 자격증으로 100억 원 이상의 가치를 찾았다고 말할 수 있습니다. 과거에 열심히 할 때도 그렇게 생각했고요. 제 개인적인 생각으로는 자격증을 최소한의 단순가치로만 써도 3억 원에서 10억 원 정도의 가치는 됩니다. 누가 하든 3억 원 이상의 가치는 있다고 생각합니다. 경쟁이 아무리 심해도 평생 직업으로 삼을 수 있는 조건이란 쉽지 않습니다. 경쟁은 누가 하느냐에 따라 그 결과가 너무 다르죠. 부동산 사무실을 단순 물건 중개하는 장소로만 생각하는 사람들에겐 그런 가치가 느껴지지 않을 수 있습니다. 그 자격증이 누구의 손에 있느냐에 따라 가치는 너무나 달라집니다. 내가 하찮게 보면 하는 일도 하찮아집니다. 내가 그 가치를 크게 보지 않으면 절대 그 가치를 다 활용할 수가 없습니다. 이건 공인중개사 자격증뿐만이 아니라 다른 어떤 자격증도 마찬가지고 다른 일들도 마찬가지입니다. 가치는 느끼고 보고 활용하는 사람에 따라 결정되기 때문입니다. 그러니 내가 가치를 크게 느낄 수 있는지 볼 수 있는지 활용할 수 있는지 우선 자기 자신을 보십시오."

기획부동산은 늘
'큰돈을 든 어린이'를 노린다

아카데미에 부동산투자 상담을 하러 오는 사람들 중에는 과거에 투자했던 물건을 매도하기를 원하거나 아무래도 스스로 투자해놓고도 당시에는 몰랐는데 시간이 가면 갈수록 의심스러워지는 물건에 대해서 상담을 하는 경우가 많다. 또 부동산 사무실에도 종자돈을 좀 모았다고 좋은 물건 탐색에 나서는 투자자 분들이 많은데 대화를 해 보면 용도지역과 지목의 구분도 제대로 못한다. 이런 분들을 보고 느끼는 나의 솔직한 감정은 큰돈을 든 어린이를 대하는 느낌이다. 어떻게 이렇게 부동산에 관련된 지식도 없이 물건을 구하러 직접 다닐 수 있을까. 그러니 우리나라에 아직 기획부동산이 활개를 칠 수밖에 없겠다는 생각이 든다. 기획부동산은 늘 이런 큰돈을 든 어린이를 노린다. 실제로 상담을 오시는 분들 중에는 이미 기획부동산을 통해 물건을 사서 몇 년이 지난 뒤에도 물건을 팔고 싶어도 팔수 없는 물건을 갖고 있는 경우도 많다. 기획부동산은 대부분 큰 임야를 싸게 사서 실제로 지적 분할을 하여 파는 경우도 있으나 대체로 임의로 가 도면분할만 하여 지분으로 판다. 이미 가격이 많이 오른다는 소문이 파다한 개발지 주변이기는 하나 땅 자체가 개발이 어려운 용도지역이거나 경사가 심하거나 해당 지자체의 도시계획 시설로 편입된다거나 하는 아주 싼 땅을 매입하여 부담 없는 평수와 가격으로 비싸게 매도한다. 기획부동산에서 기획하는 부동산은 필지당 5천만 원에서 1억 원 사이로 1억 원을 잘 넘지 않는다. 왜냐하면 1억 원을 넘기면 일단 누구나 쉽게 할 수 없는 부담스러운 가격이기 때문이다. 투자자가 욕심을 내어서 몇 필지를 사는 바람에 투자금액이 몇 억 원씩 되는 경우는 있어도 기획한 1필지의 가격이 1억 원을 넘는 경우란 좀처럼 없다. 그리고 기획부동산의 영업은 주로 현지인을 통해 건당 보수를 500~1,000만 원으로 많이 책정하여 영업하기 때문에 나에게 이런 투자권유를 하는 사람은 나와 친한 지인일 가능성이 높다. 대부분 믿을만한 친한 사람의 권유로 빠지게 된다는 것을 명심 또 명심해야 한다.

어제 톡으로 아는 지인이 상담을 해왔다. 그 내용은 다음과 같다. 제주에 있는 동생이 투자를 권유한다 해서 나는 곧바로 그럼 동생이 형 돈 벌게 해주려는가 보다고 빨리 해야지 했더니, 친동생이 아니라 그냥 아는 동생이란다. 그럼 문제는 다르다. 톡 내용을 한 번 살펴보자.

1.토지매입대금

제주도 서귀포시 표선면 **리 15**번지(임) 100평

㈜청*부동산 농협-261-****-***

70,000,000원

2. 취·등록세

***법무사(*구청 맞은편)

농협 312 **** **** 8*

3,628,300원

☆(주)**부동산과 (주)**부동산은 같은 계열사이며 해당 토지의 소유가 (주)**이므로
그쪽에 입금하시는 것이니 오해 없으시기 바랍니다. 10년도 안 갈 것 같지만 내
년에 제주도 제2신공항 보상 나가고 착공하면서 주변 개발이 가속화될 것 같습니
다. 좋은 결정이 큰 수익으로 돌아갈 거예요. 돈 많이 버시면 술 한 잔 사세요^^

이런 내용을 나에게 보내왔는데 아마 제주 현지 부동산을 하는 동생이란 지인이 직접 보낸 톡 내용을 그대로 나에게 전달한 것 같다. 계획관리 임야 100평이 7천만 원이면 평당 70만 원으로, 100평이 분할되

어 있고 도로가 있어 건축만 가능하다면 내가 생각해도 아주 싼 토지이다. 그러나 토지이용계획을 열람해본 결과 이 지번은 6천 평이 조금 넘는 임야로 국토이용계획서상 행위제한 내용에도 경관보전지구 4등급, 생태계보전지구 5-2등급, 지하수 자원보전 4등급 등 여러 가지 공법적 제한사항이 있었다. 지분인데 지분 표시도 안 하고 소유자에 관한 문제도 꼭 큰돈을 든 어린이에게 하는 내용의 말투다.

조금 느낌이 이상해 제주시에서 부동산을 하는 지인 둘에게 보내 조사를 부탁한다고 했더니 다음 날 연락이 바로 왔다. 톡 내용을 그대로 전달하면 한 사람은 "기획부동산 물건으로 제 생각에는 쓰레기 물건으로 분석 의미 없을 것 같습니다. 그리고 300m 밑으로 도로가 예정되어 있고 이미 가격에 거품을 잔뜩 집어넣은 상태. 아마도 개발 불가능한 토지~~" 또 한 사람은 간단히 답이 왔다. "내가 보기엔 30만 원도 비싸 보인다 ㅎㅎ……"

여러분 이 답변을 보고 어떤 생각이 드는가? 그나마 상담한 사람은 정보의 진위 여부를 제대로 판단할 시스템이라도 갖고 있으니 나에게 연락이 온 셈이다. 스스로 지식이나 지혜가 없으면 우린 끊임없이 이런 큰돈을 든 어린이를 노리는 위험한 환경에 노출되어 있다. 그러니 내 가정의 경제를 좌우하는 문제가 발생할 가능성이 있을 때는 쉽게 편하게 자문을 구할 수 있는 전문가 상담, 즉 투자주치의가 옆에 있어야 한다. 큰돈을 든 어린이는 욕심까지 많기 때문에 옆에 이런 투자주치의가 없으면 고생해서 번 돈을 하루아침에 날릴 확률이 매우 높다는 것을 명심하기를 바란다.

 추천 성공투자 도서 ❻

이상건의 '부자들의 개인 도서관'(돈을 끌어당기는 위대한 지식)

사람이 좋다고 좋은 물건을
소개한다는 보장은 없다

부동산 사무실은 큰 금액을 거래하는 사람을 상대하는 곳이므로 신뢰가 매우 중요하다는 것은 두말하면 잔소리다. 그러므로 부동산 사무실이 신뢰할 만한 곳인지 판단하는 것은 기본 중의 기본이며 사람을 잘 보는 것도 투자에서 매우 중요하다고 생각한다. 그러나 명심해야 할 것은 부동산 사무실의 사람이 좋다고 좋은 물건을 소개하는 것은 아니다. 투자물건을 잘못 선택한 투자자들을 상담해 보면 물건 중개를 해주는 사무실의 사람이 믿을 만해서 투자한 경우가 굉장히 많다. 사람은 좋았는데도 성공투자로 잘 이어지지 않은 듯했다. 케이스 바이 케이스지만 사람이 좋다고 좋은 물건을 소개한다는 보장은 없다. 좋은 물건을 소개하려면 사람이 좋아야 하는 것이 아니라 우선 부동산투자에 대한 지식과 경험이 많아서 성공투자로 연결될 물건을 고르는 수준이 높아야 한다.

나쁜 기획부동산에 당하는 것도 대부분 괜찮은 지인으로부터 소개받은 경우가 많다. 그러므로 사람이 좋은 것과 좋은 물건을 고르는 것은 전혀 별개의 문제이므로 이 점을 잘 알고 투자에 임해야 한다. 이런 부동산 사무실의 역할을 생각하면 정말 사람을 잘 선택해야 한다. 기본적으로 부동산 사무실은 다른 사무실보다 자기 사무실이 유리한 방향으로 고객에게 설명한다. 반대로 부동산 사무실에서 나쁜 마음을 먹으면 얼마든지 악의적인 말로 계약 방해를 할 수 있다. 예를 들어 물건을 다른 부동산에 뺏길 위험이 있다고 판단되거나 평소 그 부동산 사무실과 관계가 나쁘면 시세 1억 원의 물건이라면 괜히 1억5천만 원에 팔아줄 수 있다거나 하여 계약을 방해하거나 이미 계약한 물건을 그런 식으로 매도자 혹은 매수자와 관계를 고의적으로 나쁘게 만든다.

아파트는 이런 경우가 드물지만 원룸이나 상가 토지의 경우 얼마든지 일어날 수 있는 일이다. 이런 경우 매도자는 당장 1억5천만 원이나 받을 수 있는 물건을 1억 원밖에 못 받은 셈이므로 기분이 어떻겠는지 생각해 보시라. 아무리 부동산 사무실의 사람이 좋아 보인다고 해서 다른 사람의 물건도 아니고 자기 물건을 설마 거짓말이겠지 하고 쉽게 생각할 수 있는 사람은 거의 아무도 없으므로 필연적으로 부동산 사무실과 분쟁이 일어난다. 그러므로 부동산 사무실의 사람이 좋아 보이는 것은 아무 일이 일어나지 않았을 때까지의 일이다. 그리고 부동산 사무실의 사람이 좋아 보인다고 부동산투자에 관한 지식이 해박하고 지혜롭다는 것은 아니다. 그러므로 투자자는 평소 부동산문제가 생길 때마다 편하게 상담을 받을 수 있는 전문가를 투자주치의로 만들어 놓는 것이 종자돈을 모으는 것보다 더 중요하다는 것을 명심해야 한다.

아버지는 전문가가 아니라
그냥 우리 아버지일 뿐이다

회사에 다닌 지 20년 만에 30평형대 아파트를 3억5천만 원에 대출 없이 매수하여 소유하고 있는 김삼성 씨. 주변에 회사 다니면서도 틈틈이 부동산투자를 하여 매달 수익을 내고 있는 사람이 있어서 자기도 부동산투자에 흥미를 갖고 물건을 부탁하였다. 기다리던 차에 매매가 6억2천만 원인 다가구주택, 소위 말하는 원룸 통매매가 나왔다. 전월세 내역은 보증금 1억5천만 원에 월 300만원이었고, 대출이 2억5천만 원이었다. 가진 현금은 없지만 소유하고 있는 아파트를 담보로 2억3천만 원 정도를 대출받으면 총 4억8천만 원의 대출 이자 연 1,700만 원과 연 관리비용 300만원을 공제해도 연 1,600만 원의 수익이 남았다. 금융기관에 대출가능 여부를 전부 확인하고 계약서를 쓰려고 마음을 먹는데 4억8천만 원의 대출과 1억5천만 원의 보증금이 빚이라는 생각에 갑자기 어깨가 무거워졌다. 고민 끝에 아버지에게 자문을 구한다. 간단한 설명을 들은 아버지는 아들을 사랑하니까 당연히 반대를 하고 결국 삼성 씨는 계약을 포기하게 된다.

이것은 실제로 있었던 일이고 부동산 사무실을 해 보면 이런 일은 비일비재하게 일어나는 일이다. 우리는 이런 결정의 문제가 생기면 주로 가족이나 친구, 지인 등 가까운 사람에게 자문을 구하게 된다. 여러분도 반대로 이런 자문을 요청받은 적이 분명 있을 것으로 생각한다. 그러나 이럴 때 내용을 잘 아는 전문가라면 참 다행인데 대부분 문외한인 경우가 많다. 그럼에도 불구하고 단호하게 '안 된다, 하지 마라'를 외치는 경우가 대부분이다. 왜냐하면 나도 이런 전문 분야가 아닌 부분을 누군가에게 상담을 받으면 반대를 해야 상담을 요청한 사람을 더 많이 생각하는 것으로 느껴질 때가 많았다. 삼성 씨는 계약을 하지 않았으니 수익도 없지만 뭐 손해도 본 것이 없다, 라고 생각하겠지만 내가 볼 때 삼성 씨는 많은 것을 잃었다.

첫째, 연 1,600만 원의 수입을 잃었다. 둘째, 내가 사는 집 외에 처음으로 수익형부동산 투자를 시작하여 그 경험을 바탕으로 계속 자산을 불러갈 소중한 기회를 잃었다. 셋째, 대출도 실제로 해 보면 어깨를 짓누르는 무거운 빚이 아니라 내 수익의 극대화를 위해서는 적극적으로 해야 하는 레버리지라는 것을 알 수 있는 기회를 잃었다. 넷째, 투자에는 늘 실패가 따르고 리스크가 따르는 것임을 또 그것을 극복하여 훌륭한 내공을 쌓을 소중한 기회도 잃었다. 다섯째, 물건 소개를 한 사람들에게 신용을 쌓을 기회도 잃었다. 삼성 씨는 돈은 지켰는지 모르겠지만 이처럼 많은 것을 잃었다.

실제 해 보지 않고는 아무것도 배우지 못한다. 그렇다고 손해 보는 물건이라도 무조건 투자하라는 것이 아니다. 김삼성 씨는 바로 자문 상대를 잘못 찾았다는 말을 하고 싶다. 우리 부모님이나 친구에게 부동산투자 자문을 구하면 십중팔구는 '안 하는 게 좋겠다', '위험하다'고 답이 나오는 것은 너무나 당연하다는 것을 알아야 한다. 부동산투자를 잘 모르는 사람은 투자는 위험하고, 대출은 빚이고 나쁜 것이란 인식을 대부분 하고 있기 때문이다. 그런 사람들에게 상담을 해 버려 스스로 동요를 불러일으켜 버린 김삼성 씨에게 잘못이 있었다. 물론 가족의 이해는 중요하다. 배우자의 경우는 특히 더 그렇다. 그러나 부동산투자는 자문을 구하더라도 전문가에게 자문을 구해야 한다. 이해당사자가 아닌 전문가 말이다. 여러분도 각 분야의 전문가일 가능성도 있는데 입장을 바꾸어놓고 생각해 보면 답이 나온다. 그리고 우린 이런 일이 생길 것을 대비해서 이런 전문가와 언제든 편하게 상담할 수 있는 시스템을 갖추어 놓아야 한다. 좋은 물건일수록 나의 결정을 오래 기다리지 않는 법이다. 종자돈 타령만 하지 말고 돈이 없어도 먼저 이런 시스템을 만드는 데 관심을 기울이기 바란다.

부정적인 사람은 옆에
얼씬도 못하게 하라

11년 전쯤의 일이다. 당시 국내는 IMF를 극복하고 경기가 좋아져 부동산가격이 많이 오를 때였고, 직장인들의 퇴직금 정산으로 부동산거래도 유행처럼 번진 시기였다. 그때 사무실 고객중 삼촌 조카 관계에 있는 두 사람이 어떤 지역에 8m 도로에 접한 농림지역 900여 평을 내가 운영했던 사무실을 통해 샀다. 당시 평당 25만 원 내외로 매매 금액은 2억 정도였던 것으로 기억한다. 무사히 잔금을 치르고 소유권 이전등기를 완료하고 몇 개월이 지났을까, 하루는삼촌이라는 분이 사무실에 좋지 않은 인상을 하고 찾아왔다. 자기가산 땅 중간으로 25m 도로가 지나간다는 것이었다. 그래서 도면을 열

람하니 25m 도시계획도로가 지적 고시되어 있었다. 해당 땅을 관통하여 전체 면적의 반 정도는 도로로 편입되게 되어 있었다. 나는 양쪽으로 남는 땅이 그래도 많이 있기 때문에 도로가 실제 나면 양쪽으로 도로를 길게 접해서 더 좋다고 설명을 드렸지만 원래부터 도로가 생기는 것을 알고도 매매를 시켰다고 막무가내로 화를 내며 당장 팔아달라는 것이었다. 설득이 도저히 안 되서 그때 나는 나와 부동산거래를 해서 돈을 번 적이 있는 사업을 하는 친구에게 전화해서 사정을 설명하고 3만 원 정도를 붙여 28만 원에 계약을 시켰다.

그리고 한참을 잊고 지냈는데 몇 년이 지난 뒤에 보니 25m 계획도로가 노선이 약간 수정되어 그 땅의 중앙으로 관통하던 것이 현재의 도로가 확장되는 선으로 바뀌어 있었다. 그러니까 도로에 편입되는 땅도 훨씬 줄어들었다. 지금 그 땅의 가치는 평당 130만 원 정도로 10억을 훌쩍 넘는다. 게다가 도로가 실제로 생기고 도시화가 되면 가치는 지금보다 훨씬 오를 것이다. 그 친구는 아직도 그 땅을 소유하고 있다. 그때 삼촌이라는 분은 농사짓는 분이었고 조카는 젊은 분으로 조선업에 종사하는 회사원이었다. 문제가 생기면 이 삼촌이 척척 푼다는 걸 보여주려고 했는지 당시 삼촌은 노발대발하며 험하게 굴었다. 조카는 얌전히 삼촌이 하는 것을 지켜보고 있었고 시키는 대로 했었다. 그때 그런 생각이 들었다. '이 조카가 모처럼 투자기회를 잡았는데 삼촌이란 분이 다 망치는구나. 좀 더 긍정적인 삼촌을 만났더라면 좋았을 텐데' 하고 생각했던 기억이 아직도 남아 있다.

우리 주변에는 긍정적인 사람보다 부정적인 사람이 훨씬 많다. 그래서 투자를 할 때는, 특히 공동투자를 할 때는 부정적인 사람을 경계해야 한다. 공동투자 자체는 기회를 확대하고 서로 힘이 될 수 있으니 사실 좋은 것이다. 그런데 공동투자를 하면 대부분 부정적인 사람이 없는 문제도 만든다. 부정적인 사람은 문제가 생기면 문제를 슬기롭게 푸는 것이 아니라 곧잘 문제를 더 크게 키워 손해를 보는 경향이 있다. 그러므로 우리가 투자를 결정할 때 스스로 결정하지 못하고 다른 사람에게 물어보면 부정적인 답이 돌아올 확률이 훨씬 높다. 우리 주변에는 원래 부정적인 사람이 긍정적인 사람보다 압도적으로 많은 데다가 물어본 상대가 긍정적이라고 하더라도 자기에게 자문을 구하게 되면 신중해질 수밖에 없고 스스로 잘 모르는 분야에 대해서는 부정적이고 방어적으로 말할 수밖에 없다.

부정적으로 생각하는 사람은 문제해결 능력이 많이 떨어진다. 문제의 해결은 문제를 인정하고 긍정하는 것에서부터 출발하기 때문이다. 큰 조난사고를 당했을 때도 부정적인 사람은 살아 돌아올 확률이 매우 낮지만 긍정적인 사람은 훨씬 오래 버티며 그만큼 살아 돌아올 확률도 높다고 한다. 투자는 부동산을 사는 것으로 끝나는 것이 아니다. 건축을 한다거나 경영관리를 하고 부가가치를 높이고 출구전략, 절세전략을 짜고 매도시기를 판단하는 등 팔아서 수익을 남길 때까지 엄청나게 많은 일들과 선택들이 남아 있다. 그러므로 거의 필연적으로 많은 어려운 문제와 부딪히게 된다. 투자뿐만 아니라 삶도 마찬가지다. 그런데 이런 일이 생길 때마다 긍정적인 마음을 가지고 소통하고 배려하고 양보하고 슬기롭게 극복하려는 사람에게 행운의 여신이 미소를 짓는다. 이런 긍정적이고 적극적이고 능동적인 사람에게 신은 복을 내린다. 그러니 부동산투자를 하든 사람과 교제를 하든 부정적인 사람은 옆에 얼씬도 하지 못하게 만들어라. 부정적인 사람은 정말로 아무 도움이 안 된다.

1978년 심리학자 필립 브릭먼은 행복감에 대해 흥미로운 연구를 했다. 서로 다른 두 집단에서 '행복'이라는 감정이 어떻게 변화하는지 관찰한 것이었다. 한 집단은 얼마 전 복권에 당첨되어 일순간에 큰 부자가 된 사람들로, 다른 집단은 최근에 사고를 당해 몸이 마비된 사람들로 구성되었다. 누구나 예상하겠지만 복권에 당첨된 집단의 행복도는 당첨되기 이전과 비교해 크게 증가했고, 반대로 사고가 난 사람들의 행복도는 사고 전에 비해 큰 폭으로 감소했다. 하지만 시간이 흐른 뒤 다시 조사해 봤더니 예상외의 결과가 나왔다. 복권 당첨자들의 행복도는 시간이 흐를수록 복권에 당첨되기 이전 수준으로 낮아졌지만, 사고가 난 사람들의 행복도는 시간이 지나자 사고가 나기 전과 비슷한 정도로 회복되었다고 한다.

위 내용은 박용철의 '감정은 습관이다'라는 책에 나오는 것으로 복권 당첨자의 이야기는 많이 들어 알고 있지만 이 테스트 결과의 해설이 매우 흥미롭다. 우리는 격하게 좋은 일이 있어도 혹은 아주 나쁜 일이 있어도 어느 정도 시간이 지나면 본인이 기존에 가지고 있던 감정 상태로 다시 돌아간다는 이 실험의 결과가 충격적이다. 그렇다. 우리 뇌는 좋은 것이든 나쁜 것이든 익숙한 감정에 안정을 느낀다고 한다. 이것이 바로 감정이 습관이라는 것이다. 이 말은 '지금 우리에게 일어난 일의 내용'과는 전혀 상관없이 긍정이 몸에 배인 사람은 긍정적으로 바라보고, 부정이 몸에 배인 사람은 부정적으로 바라볼 수밖에 없다. 그러므로 긍정적인 사람이 성공할 가능성이 높은 것은 지극히 당연하다. 좋은 행동을 습관적으로 하는 것도 중요하지만 좋은 감정을 습관적으로 가지는 것이 더 중요하다는 사실을 알 수 있다.

전문가, 언론의 끊임없는 부정적 경기예측을 어떻게 볼 것인가?

사람들은 원래 심리적으로 부정적인 것에 마음이 끌리는 것이 정상이다. 미래는 모르니까 늘 불안하고, 복잡다단한 삶에 각자 스트레스를 많이 받는 생활을 하다 보니까 자극적인 것을 찾게 된다. 혀는 맵고 짠 것을 찾고 심리는 극단적이고 부정적인 것, 즉 말초신경을 자극하는 것에 높은 관심을 보이기 때문이다. '막드', '막스', '막사'가 무슨 말인지 아는가? 전부 미국드라마 미드에서 파생된 말로 '막드'는 막장드라마를 말하고, '막스', '막사'는 막장스릴러, 막장사극을 말한다. 나는 개인적으로 현실이라고 생각하고 싶지 않은 막장드라마가 유행하고부터는 아예 드라마 자체를 보지 않는다. 그런데 이런 막장드라마가 사회적으로 유행하는 데도 바로 부정적인 것에 끌리는 사람들의 심리를 대변한다. '우리는 왜 막장드라마에 열광하는가'라는 책도 나올 정도이니 그 분위기를 과히 짐작할 만하다 하겠다. 이 책을 쓴 최성락 동양미래대 교수는 "해외와 달리 여전히 한국에선 사전제작은커녕 대본이 완결된 상태에서 촬영에 들어가는 일도 거의 없습니다. 방송사 윗선이나 시청자 반응에 영향을 받을 여지가 너무 크죠. 잘되면 억지 연장방송, 안 되면 자극적인 에피소드 남발. 특히 막장 코드는 논란이든 뭐든 어쨌든 화제가 되니까요."라고 지적했다.

내가 주목하는 것도 부정적인 것의 의도나 목적은 바로 이 화제성이라는 점이다. 일요일 코미디프로인 개그콘서트에 '시청률의 제왕'이란 코너가 한때 인기가 있었다. 이 개그의 소재는 방송사들이 시청률을 올리기 위해 막장드라마를 만드는 과정을 코믹하게 만든 코미디이다. 또 내가 실제로 경험했기 때문에 잘 활용하는 소재로 '일본은 없다'라는 책이 있다. 이 책은 신문사 기자가 쓴 책으로 동경특파원으로 1~2년 생활한 저자가 쓴 것으로 당시 굉장히 히트를 친 것으로 기억하고 있다. 이때 나도 일본에 살고 있을 때였기 때문에 왜 일본은 엄연히 있는데 없다고 했을까 내용이 궁금하여 사 본 적이 있다. 이 저자는 이 책의 인기를 바탕으로 유명정치인이 되기도 했다. 그런데 그 뒤 '일본은 있다'라는 책이 나왔는데 아마 여러분은 책의 존재여부를 모를 수도 있다. 책의 내용은 당시 내가 일본을 오래 경험한 사람으로서 개인적으로는 '일본은 있다'가 내용은 더 좋았다고 생각하는데 책은 전혀 팔리지 않았던 것으로 기억한다. 바로 화제성은 부정적인 것이 긍정적인 것보다 훨씬 높기 때문이다.

이제 경제예측 이야기를 해 보자. 우리 사회에도 전문가들이 많은 경제예측을 하는데 언론에 등장하는 대부분의 전문가는 부정적인 경제예측을 많이 하고 언론도 부정적이고 자극적인 단어를 많이 쓰는 경향이 있다. 부동산경기에 대한 것도 부정적인 단어가 난무한다. 오래전부터 많이 써먹는 것이 부동산버블, 일명 거품론이다. 부동산가격에 거품이 많이 끼었기 때문에 일본의 전철을 밟을 것이라고 주장해왔다. 또 베이비붐 세대의 은퇴, 인구절벽, 고령화와 초고령화로 한국 부동산가격은 폭락할 것이라고 주장했다. 몇 년 뒤, 몇 년 뒤 하면서 계속 공포분위기를 조성했다. 그런데 서울수도권은 2014년 말부터 최근까지 부동산가격이 치솟아 급기야 문재인 정부는 취임 3달도 안 돼 초강력 규제정책을 발표하기에 이르렀다. 뭔지 앞뒤가 맞지 않는 느낌이 들지 않는가. 오히려 그런 부정적인 예측으로 대중들을 현혹시켜 놓고 자기들끼리만 나누어먹는 잔치를 벌인 그런 느낌이다.

전문가들은 왜 이런 부정적인 예측을 할까? 언론은 왜 이런 부정적이고 자극적인 단어를 쓸까? 위에서 말했듯이 가장 큰 이유가 화제성이다. 물론 전문가들이 열심히 연구한 결과인 것은 필자도 인정한다. 그러나 그것이 그렇게 주장할 정도로 완벽하게 들어맞는 것인가 하는 것에 대해서는 너무도 회의적이다. 하나의 의견으로 받아들이면 된다. 경제는 특히나 미래경제는 너무도 복잡하게 얽혀 있고 새로운 변수가 많으므로 과거의 데이터로 미래를 장담하기엔, 그것도 부정적으로 장담하기에는 위험이 너무 크다는 말이다. 그리고 또 한 가지 간과하지 말아야 할 것은 그런 부정적인 예측에 대한 책임은 누구도 묻지 않는다는 사실이다. 물론 악성 댓글이 달리고 비판에 시달리는 분도 계시겠지만 대부분 시간이 지나면 쉽게 망각한다. 그런데 반대로 이 예측이 점쟁이처럼 맞아떨어지기만 하면 속된 말로 노가 나게 된다. 노벨상 이상의 가치가 있지 않을까. 또 일단 부정적 것은 화제가 되고 입소문이 빠르기 때문에 전문가의 인기가 올라가 수입에 지대한 영향을 미친다. 책도 잘 팔리고 강의요청은 쇄도할 것이며 강의료 단가도 많이 오르게 된다. 말을 하다 보니 나도 갑자기 부정적인 예측을 하고 싶어졌다. 이 책 제목이라도 좀 부정적이고 자극적인 단어를 넣어야 할 텐데 워낙 긍정이 몸에 배여서 그것도 쉽지 않다. 결론적으로 이런 부정적인 예측으로 인해 잃을 것은 별로 없는데 얻는 것은 너무 많다는 점이다.

우리가 경험하지 못한 1929년 세계경제대공황까지 가지 않더라도 우리가 경험한 오일쇼크, IMF 외환위기 때는 세상이 이대로 끝나는 것이 아닌가 하고 절망적이었다. 우리나라에 나지 않는 석유, 우리 돈이 아닌 달러보유고 때문에 우리 경제가 엉망이 되는 것이 허탈했다. 2008년 미국금융위기는 또 어떤가. 우리의 잘못도 아닌 미국금융이 타락한 결과로 우리 경제가 몇 년씩 회복을 못하고 비틀거린다. 이것이 경제다. 그래서 글로벌경제라고 한다. 1400조 가계빚 폭증도 좋고 고령화 초고령화 인구절벽도 좋고 가격거품도 좋고 다 좋다. 세상은 철학이 없는 대중들을 끊임없이 아무것도 못하고 꼼짝도 못하게 하는 것이 많다. 아무것도 하지 않으면 아무 결과도 없는데 말이다. 여러분 기억나는가. 1984년 종말론, 1999년 21세기로 들어서기 전 지구종말론, 컴퓨터 무슨 밀레니엄버그를 말할 때 여러분이 느낀 불안 기억하는가. 휘발유 값 1000원 돌파 때는 또 어땠는가. 아무도 차를 가지고 다니지 않을 것 같았던 언론과 여론의 분위기를 기억하는가. 일이 터지면 온갖 증폭된 유언비어가 난무한다. 여러분 개인에게도 무슨 일이 하나 터지면 그 일이 일파만파 소문이 이상하게 퍼져나가는 걸 겪지 않는가. 부정적인 예측이 아니라 긍정적으로 예측되더라도 미래는 끊임없이 변수가 생길 것을 대비해야 한다. 그러니 너무 부정적인 예측에 마음을 뺏기지 마라. 세상의 온갖 나쁜 예측은 그것을 극복하는 의미 외에는 나에게 어떤 의미도 부여할 수 없다. 여러분의 성공투자를 빈다.

자기만의 투자주치의를 만들어라

과거 큰 부잣집에는 부동산 매매계약 업무를 비롯하여 그 집에서 일어나는 여러 법적 지식이 필요한 일을 담당하는 집사가 있었다. 그러나 이젠 시대가 변하여 삶의 수준이 높아져서 보통의 각 가정에서도 과거 부잣집 집사가 담당했던 일들을 수시로 처리해야 하는 세상이 되었다. 그 대표적인 것이 부동산관련 업무다. 부동산만 하더라도 각 가정은 부동산매매 또는 전세계약, 부동산 취득과 양도, 상속, 증여, 거주용, 투자용 거래 등 옛날 부잣집의 전유물 같은 것이 이젠 각 가정에서 수시로 일어나는 일이 되었다. 그리고 부동산 거래는 그 금액이 대체로 전 재산에 해당될 만큼 커서 무심코 아무 전문지식도 없는 상태에서 임하다 보면 각종 사고가 빈번하게 일어나 가정을 파탄으로 몰고 가기도 한다. 한국은 유독 기획부동산 피해, 부동산사기 등 부동산 관련 사기사건이 빈번히 발생하는 나라이므로 더욱 조심해야 한다.

또 한국사회는 핵가족화가 점점 가속화되어 가고, 수명은 100세 시대로 접어들어 은퇴 후의 긴 삶에 대한 경제활동과 생활이 매우 중요한 시대가 되었다. 그래서 미래의 가정경제를 위해서는 단지 지금 열심히 일을 해서 월급을 받아 모으는 것으로는 한계가 있음을 알고 투자의 필요성을 누구나 느끼고 있기 때문에 과거 집사와 같은 전문가의 도움이 각 가정에 절실히 필요하다. 그러므로 우리가 세무신고를 세무사 사무실에 기장을 맡겨 해결하듯이 부동산 관련 업무를 보는 데도 전문가의 도움이 항상 필요하다. 그런 도움을 주는 사람을 나는 오래전부터 부동산 투자주치의라는 이름을 붙여 사용해 왔다. 그러므로 내가 대한민국 투자주치의 1호인 셈이다. 각 가정에 이런 투자주치의가 한 명씩 옛날 부잣집 집사처럼 있어야 한다고 본다. 물론 과거의 집사처럼 같이 살 필요 없이 언제든지 편하게 상담이 가능한 시스템만 갖추고 있으면 된다.

그러면 투자주치의는 구체적으로 무엇을 할까. 투자주치의의 역할은 대략 이런 것이다. 가정에서 일어나는 모든 부동산 관련 문제를 365일 실시간으로 상담하여 해결한다. 우리 가정의 재무구조를 잘 알고 있어서 나에게 맞는 투자정보를 제공한다. 부동산 매매계약 때 계약경험이 풍부하므로 안심하고 거래할 수 있다. 1가구1주택, 8년 자경, 대토, 비사업용토지 등 부동산관련 세무대응에 경험이 많아 세무전문가와 함께 절세대책을 미리 강구할 수 있다. 또 건축, 토목, 설계, 측량 등 일반인이 익숙하지 않은 부동산문제를 해결하는데 도움을 준다. 앞으로는 부동산투자도 경영관리가 중요하다. 토지관리, 특히 농지경영관리, 맹지, 도로문제 해결 등 부동산의 부가가치를 올리고 매매시점 전략을 구상하는 데도 도움을 준다. 상가, 원룸 등 임대차관리, 계약관리, 건물시설관리, 점포개발을 돕고 개발정보, 투자정보, 도시계획 정보와 각종 투자지식과 지혜를 공유할 수 있다. 가장 중요하게는 부동산투자할 때 시장분석을 비롯한 입지분석, 금융분석, 임대차분석, 수익률분석, 가격분석과 가치분석 등 부동산투자에 필수적인 다양한 분석을 해 도움받을 수 있다.

최근 문재인 정부의 9.13부동산대책이 발표된 것처럼 정부정책은 정부가 바뀔 때마다 활성화정책이 되었다가 규제정책이 되었다가 종잡을 수가 없다. 부동산투자가 과거처럼 아무거나 툭 사놓기만 해도 벌던 시대는 이미 지나갔다. 기회는 적어졌고 가격의 변동성은 더욱

커졌다. 그리고 자본주의 경제는 워낙 변수가 많고 욕심 많은 인간을 대상으로 하기 때문에 어느 방향으로 튈지 알 수 없는 것이 경제이기도 하다. 우리가 모은 재산은 소중하기 때문에 이런 다양한 방면으로 도움을 받을 수 있는 투자주치의를 잘 활용하여 투자를 안전하게 잘 해야 한다.

세상에는 온갖 달인이 많다. 그런데 생활의 달인에 나오는 사람들이 공통적으로 하는 이야기가 달인이 되려면 최소한 10년은 같은 분야에 종사해야 한다고 말한다. 그러므로 부동산투자 분야에 최소한 10년 이상 경험을 가진 사람 중에 좋은 사람을 투자주치의로 꼭 만들어 활용하자. 사람은 사는 것도 배우면 잘 살 수 있고, 투자도 잘 배우면 잘 할 수 있다. 내가 배워서 잘 할 때까지는 이런 투자주치의를 적극적으로 활용하는 투자자가 되기를 바란다. 여러분의 부도 결국 사람이 갖다주는 것임을 명심하시고.

좋은 스승의 좋은 제자가
기꺼이 되어라

요즘은 자주 찾아뵙지 못해 죄송하지만 나에게도 투자 멘토가 있다. 1998년 내가 처음 부동산 사무실을 개업했을 때 이미 경험이 많았던 지역의 선배로 나중에는 공공연히 스승이라고 말했지만 처음에는 모르게 내 마음속으로만 멘토로 생각했다. 그때 나는 그분의 사무실을 거의 매일 놀러갔다. 부동산 사무실에서 바둑을 많이 둘 때라 바둑을 좋아하는 그분이 바둑을 끝내고 식사를 하러가는 날이면 그 자리에 가끔 끼어주는 것만으로 감사할 따름이었다. 그런 술자리에서라도 한번쯤 멘토가 뱉어내는 부동산투자 관련 지혜의 한마디를 놓치지 않고 기억했다가 활용하고 요즘은 강의에서도 써먹는다. 지금 생각해 보아도 내가 부동산으로 조금이라도 성공을 했다면 나의 멘토의 말과 투자지혜를 귀하게 여긴 덕분이 아닌가 생각하고 있다. 부와 성공과 관련된 계발서를 보아도 인생에서 결정적인 만남은 사람이라고 말하며, 작은 부는 조그만 지식과 기술들로 이루어도 큰 부는 결국 사람이 가져다준다는 것을 나는 확신한다. 사람이 바로 기회다. 그런 의미에서 우리에게 투자 멘토는 의미가 크다.

직장에서 성공하는 것은 대기업이라면 임원이 되는 것이 아닌가 생각한다. 그럼 부동산투자에서 성공이란 무엇일까? 우선 좋은 물건에 투자하는 것이다. 그럼 어떻게 하면 좋은 물건에 투자를 할 수 있을까? 물건은 저절로 내 앞에 오는 것이 아니라 사람을 매개로 한다. 스스로 좋은 물건을 찾을 능력을 만들거나 그것이 안 되면 다른 사람이 좋은 물건을 가져다주고 싶은 사람이 되어야 한다. 그러면 어떻게 하면 이런 사람이 될 수 있을까? 여러 가지 방법이 있을 수 있는데 여러분에게 좋은 물건을 가져다 줄 수 있는 사람을 생각해 보면 부동산 사무실 소장, 투자 멘토, 투자주치의 정도를 떠올릴 수 있다. 그럼 여기서 부동산 사무실 소장을 포함한 투자 멘토, 투자주치의를 투자 멘토 하나로 묶어서 투자 멘토는 어떤 사람에게 좋은 물건을 주고 싶어 하는지 주목해 보자.

부동산 물건정보의 숫자는 여러분도 알다시피 어마어마하게 많다. 우리나라에 부동산 사무실 숫자가 10만 곳이 넘으니까 대충 상상할 수 있으리라고 생각한다. 내가 투자를 원하는 지역으로만 좁혀 보아도 최소 하루에 수천 건의 물건 정보가 움직인다. 그 물건 중에는 분명 좋은 물건이 있고 나쁜 물건이 있을 것인데, 이 좋은 물건은 어떻게 하면 만날까? 거듭 말하지만 직접 찾는 것을 제외하면 누군가를 통해 전달받아야 한다. 그럼 과연 어떤 사람이 좋은 물건 정보를 접하게 될까? 물건을 받는 사람은 수동적이니까 물건을 주는 능동적인 입장에 있는 투자 멘토는 좋은 물건이 들어오면 누구에게 주고 싶겠는가? 그 우선 순위를 한 번 생각해 보자. 멘토의 입장에서 말이다.

가장 최우선이 나를 100% 믿는 사람이다. 100% 나를 믿어주는 사람은 더 바랄 것이 없다. 성공도 실패도 100% 믿는 사람이다. 두 번째가 진정으로 잘 되기를 바라는 사람이다. 가족, 친지, 각별한 친구, 제자도 여기에 포함된다. 소위 자기가 사랑하는 사람들이다. 그 다음 세 번째는 나와 직간접적으로 연관이 있는 사람들 중에 투자를 원하는 사람들이다. 그 다음 마지막으로는 특별한 관계가 없는 불특정다수의 투자의뢰인들, 소위 고객들이다. 여러분이 생각하는 투자 멘토에게 있어서 본인은 어떤 순위에 드는지 한 번 생각해 보라. 어, 나는 우선 순위 3번째네 또는 마지막 4번째네. 그럼 좋은 물건받기 힘들겠구나, 라고 생각할지 모르겠지만 너무 낙담하지 않아도 된다. 불행하게도, 누가 불행인지는 잘 모르겠지만 첫째, 둘째에 해당되는 사람이 잘 없다. 첫째, 나를 100% 믿는 사람도 잘 없고 둘째, 진정으로 잘 되기를 바라는 사랑하는 사람은 많이 있다 하더라도 그들에게 좋은 물건을 소개하면 예 고맙습니다, 하고 받을 준비가 되어 있는 사람이 별로 없다는 말이다. 벌써 그런 주변 사람들과는 한두 번 경험을 이미 한 경우가 많은데 생각처럼 연결이 잘 되지 않는다. 그나마 세 번째, 특별한 관계가 있는 사람 중에 원하는 사람이 연결될 확률이 크다. 이 순위를 뭐 특별하게 볼 것 없이 사람이면 인지상정이고 누구나 비슷하다고 생각하는 것이 좋다.

위의 우선 순위에서 배울 것이 있다면 그럼 여러분은 어떻게 하면 가장 좋은 물건을 받을 수 있을까이다. 내가 생각하는 답은 이미 보기에 나와 있다. 지금 나와 멘토가 어떤 관계이든 간에 가장 최우선 순위인 100% 믿는 사람이 되면 된다. 그러니 100% 믿고 맡길 투자 멘토를 찾아라. 쉽지 않다. 나도 수없이 경험했지만 어려운 일이라는 것을 잘 안다. 그러나 실제 100%까진 아니더라도 겉으로는 100% 믿는 것처럼 행동하면 된다. 처음엔 무척 어려운 일이지만 이런 100% 믿는 것처럼 하는 경험만 쌓아도 100% 신뢰하는 관계가 충분히 될 수 있다. 일단 믿는 시늉이라도 해야 믿어지기 때문이다. 단지 그 믿음은 진심이어야 한다.

여러분과 멘토와의 관계는 여러분만 100% 믿으면 된다고 생각할지 모르지만 절대 그렇지 않다. 이 관계는 일방이 아니라 쌍방 신뢰가 형성되어야 한다. 여러분의 멘토도 여러분과 마찬가지로 여러분의 신뢰를 끊임없이 테스트하고 100% 믿을 수 있는 사람인지 주시하고 파악한다. 왜냐하면 멘토도 그런 사람이 필요하기 때문이다. 여러분이 스스로 좋은 물건을 찾아 투자할 능력이 없을 때는 멘토의 지식과 지혜를 빌려야 하기도 하지만 설령 스스로 능력이 있다손 치더라도 좋은 멘토를 만나면 시너지 효과가 크다. 그러므로 좋은 멘토의 제자가 되는 것을 자랑스럽게 여겨라. 그리고 훌륭한 제자가 되도록 노력하라. 100% 신뢰하는 멘토와 제자와의 관계가 가장 바람직한 관계다.

직장에서도 직원이 사장이나 임원을 멘토로 생각하고 또 그 멘토가 좋은 제자라고 생각하면 승진도 빠르고 자연히 많은 정보가 갈 수밖에 없듯이 좋은 제자가 되면 유리한 것이 너무 많다. 그러기 위해서는 제자와 스승은 우선 물리적으로 같이 보내는 시간이 많아야 한다. 남자 여자가 연애를 할 때도 처음에는 쉴 새 없이 만나지 않는가. 제자와 멘토 간에도 우선 자주 만나 서로를 잘 알고 믿고 의지할 수 있는 연애기간이 필요하다. 이 기간의 우여곡절을 지나 서로 간에 믿음이 형성되면 그때부터는 굉장히 빠른 속도로 서로의 발전에 기여를 한다. 마음에 드는 좋은 멘토를 만났다면 자주 사무실에 찾아가고 자주 술과 밥을 먹어보고 해서 친밀해지는 시간을 쌓아야 한다. 친해지고 보면 이 세상에 나쁜 사람 없다고 말을 하지만 단순하게 친해지는 것이 아니라 결혼상대를 찾듯이 내가 이 사람에게 모든 것을 걸어도 후회하지 않을 사람인지 겪어보아야 한다. 만난 지 몇 번 되지도 않아 멘토가 말하는 물건이면 다 할 듯이 말해도 부동산투자가 소위 한두 푼으로 해결되는 것이 아니니 섣불리 믿는 마음으로 시작하는 것보다 서로 충분히 만나 공감대를 형성한 후에 의지하는 것이 좋다.

요즘 우리 주변에는 결정을 못해 어려움을 겪는 사람들이 많다. 부동산투자도 물건을 소개하면 물건 자체가 좋다 나쁘다를 떠나 스스로 부동산 관련 지식이 너무 없기 때문에 많은 리스크들이 막연하게 엄습해 와 결정을 못하는 사람이 많다. 특히 과거에 부동산투자에 실패한 경험이 한번쯤 있다거나 하면 아무리 좋은 물건이라고 생각되더라도 걱정에 휩싸여 쉽게 결정을 못해 시간을 차일피일 보내다 보면 결국 물건을 놓치는 경우가 부지기수다. 이런 현상은 어차피 스스로 결정하지 못하면 100%는 아니더라도 어쩔 수 없이 멘토를 믿고 해야 하는데 불안이 커서 믿음이 생기지 않기 때문에 일어나는 일이다. 어쨌든 이 것은 본인에게 결국 마이너스다. 서로 신뢰를 쌓아야 하는 기간에 이런 결정장애를 몇 번 겪고 나면 학습효과로 인해 그 사람에겐 다음엔 좋은 물건이 생겨도 가지 않을 확률이 높다. 왜냐하면 아무리 좋은 물건을 주더라도 결국 스스로 고민에 빠져 하지 않을 확률이 높다는 이유도 있고, 좋은 물건일수록 시간을 지체하면 안 된다고 생각하기 때문에 결정이 빠른 사람에게 갈 수밖에 없기 때문이다.

그럼 100% 믿는 것이 왜 좋은가 잠시 설명해두자. 입장을 바꾸어놓고 생각하면 간단하다. 예를 들어 내가 소개하는 물건이면 거의 100% 계약하는 사람이 있다고 치자. 그럼 이런 사람에게 소개하는 사람의 입장에서는 어떤 물건을 소개할까? 소개하는 사람의 입장에서는 두 가지 측면이 있다. 첫째는 나를 100% 믿어주는 데 대한 좋은 보답을 하고 싶은 생각이 든다. 그러므로 좋은 물건을 최선을 다해 찾는다. 둘째는 나를 100% 믿는 사람이란 100% 나의 고정고객이기 때문에 서두를 필요가 없다. 언제 나를 떠날지 모르는 고객에게는 되든 안 되든 현혹시키기 위해 물건을 막 던지게 된다. 그러나 나의 고정고객에게는 그럴 필요가 없기 때문에 여유를 가지고 또 신중을 기해 물건을 기다리고 찾기 때문이다. 물론 멘토를 잘못 선택했다면 정반대의 현상이 일어나겠지만 말이다.

부동산투자에서 부동산 소장과 고객, 멘토와 제자, 주치의와 의뢰인 간의 관계도 결국 이순신 장군의 생즉사 사즉생生即死 死即生이다. 자기가 사는 데 급급하여 상대를 믿지를 못하면 오히려 죽는 결과가 나고, 죽기를 각오하고 실패를 무릅쓰고 상대를 온전히 믿으면 오히려 좋은 성공으로 연결된다는 것을 잊지 말자. 독자 여러분은 부디 좋은 투자 멘토를 만나 지속적으로 좋은 관계를 이어가길 바란다.

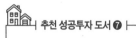 추천 성공투자 도서 ❼

가이 스파이어 '워런 버핏과의 점심식사'

워런 버핏과의 점심식사

'워런 버핏과의 점심식사' 하면 **이젠** 알 만한 사람은 알 것이다. 세계적으로 존경받는 가치투자의 귀재 워런 버핏은 해마다 본인과 점심을 같이 할 자격을 부여하는 경매를 자선단체인 글라이드 재단을 통해 진행하는데 올해 경매 낙찰가는 330만 달러, 한화로 약 36억 원이었다. 2000년 처음 이 경매를 시작했을 당시에는 낙찰가가 2만5천 달러였지만 해를 거듭할수록 인기도 오르고 돈의 가치는 계속 떨어지는 만큼 버핏과의 점심 경매 낙찰가격도 점점 가파르게 올랐다. 낙찰받은 사람은 뉴욕 맨하탄에 있는 '스미스 앤 월런스키' 스테이크하우스에서 버핏과 3시간 동안 점심을 같이 할 수 있으며 지인 7

명까지 부를 수 있다.

    그런데 버핏과 단 3시간 동안 점심을 먹는데 사람들은 왜 이렇게 많은 돈을 투자할까? 내가 방금 투자란 말도 썼지만 버핏을 만나면 돈이 되는 주식정보를 얻지 않겠는가 하고 당연히 생각하겠지만 다른 이야기는 몰라도 주식 종목에 대한 정보는 묻지 못하게 규칙으로 정해져 있는 것으로 알고 있다. 그럼 왜? 낙찰자들은 그런 거금을 버핏과의 점심 한 끼에 쓰는 걸까? 내가 이 장에서 말하고 싶은 것도 바로 그것이다. 큰 성공을 이룬 사람들은 부의 그릇도 마음의 크기도 남다르다는 점이다. 어떻게 남다른지는 실제로 워런 버핏과의 점심 경매로 낙찰받아 직접 점심을 같이 한 '가이 스파이어'라는 사람이 버핏과의 점심식사 후 그를 만난 경험과 교훈을 그대로 책으로 펴낸 '워런 버핏과의 점심식사'라는 책에 나와 있다.

    이 책의 줄거리를 잠시 소개하면 이 책의 저자 가이 스파이어는 나름 투자 에리트 코스를 밟아왔지만 자기가 배워 써먹는 그것이 고객에게 나쁜 투자라는 것을 알게 되어 실의의 나날을 보내던 중 우연히 '티모시 파브라이'라는 유명 투자전문가의 강의를 듣게 되었다. 그런데 며칠 후 강의를 들었던 가이 스파이어는 강사 티모시 파브라이라는 그 유명 투자전문가로부터 한 통의 메세지를 받는다. 메세지 내용은 "내가 다음에 그쪽에 강연을 가는 데, 가게 되면 나하고 같이 식사를 하자"는 내용이었다. 가이 스파이어는 기쁜 마음으로 수락하고 그를 만났고 이후 두 사람은 친해지게 되었고 가이 스파이어는 티모시 파브라이를 투자 멘토로 삼아 투자실적도 승승장구를 하게 되었다. 그러던 어느 날 스승 티모시 파브라이는 제자 가이 스파이어에게 진심을 털어놓으며 제안을 한다. 스승인 파브라이가 지금껏 유명 투자전문가로 살아갈 수 있었던 이유는 한 번도 만난 적은 없지만 가치투자를 주창한 워런 버핏의 투자철학에 공감하여 워런 버핏을 마음속으로 멘토로 생각하고 살아온 덕분이라는 것이었다. 그래서 마음속으로만 생각해온 멘토인 워런 버핏을 단 한 번이라도 직접 만나 감사인사를 드리고 싶다고 했다. 그러면서 제자인 가이 스파이어에게 같이 워런 버핏의 점심경매에 참여하자고 한다. 가이 스파이어는 동의는 하지만 자기가 낼수 있는 금액은 25만 달러 정도라고 했다. 그러자 스승인 티모시 파브라이는 얼마에 낙찰이 되건 나머지 금액은 전부 자기가 내겠다고 하고 결국 그해 경매에 참여하여 65만 달러에 낙찰받았다. 그렇게 해서 가이 스파이어는 워런 버핏과 점심식사를 하게 되었고 이후 점점 워런 버핏의 투자철학, 삶의 철학을 직접 경험하고 감동하고 배운 것을 책으로 엮은 것이 바로 '워런 버핏과의 점심식사'다.

그런데 여기서 두 가지 의문이 생긴다. 하나는 티모시 파브라이가 강연 후 일면식도 없는 가이 스파이어에게 왜 다음에 만나 같이 식사를 하자고 직접 메세지를 보냈을까 하는 것이고, 또 하나의 의문은 티모시 파브라이가 아무리 워런 버핏을 멘토로 삼고 살아왔다 하더라도 다른 방법이 있었을 텐데 굳이 돈이 엄청 드는 점심 경매를 선택했을까이다. 처음 의문인 티모시 파브라이는 왜 가이 스파이어에게 직접 식사를 같이 하자고 연락을 하게 됐을까? 그 이유는 가이 스파이어는 당시 티모시 파브라이의 강연을 듣고 티모시 파브라이에게 메세지를 보냈는데 그 메세지의 내용 때문이었다. 메세지는 아주 간단한 것이었다. "당신의 강의는 훌륭했고, 나에게 정말 도움이 많이 되었고, 정말 감사하다"는 진심이 담긴 짧은 감사인사였다. 그런데 이 작은 감사인사를 받은 티모시 파브라이는 크게 감동을 받았다. 그렇게 수없이 강연을 하고 다녀도 여태껏 그런 짧은 감사인사조차 보내는 사람이 없었다. 사람이 사람을 감동시키는 것은 큰 것이 아니라 아주 사소한 일이다. 그러나 이런 간단한 감사인사는 실제로 감사하다고 생각하더라도 누구나 그냥 지나치기 쉽다. 너무 사소하다고 생각하기 때문이다. 사람과의 관계에서 큰 사람은 큰 것만 보는 사람이 아니라 오히려 작고 사소한 것을 볼 줄 아는 사람이다. 아니 큰 것이 사소한 것이고 사소한 것이 큰 것이라는 걸 잘 아는 사람이 큰 사람이다.

또 하나의 의문은 티모시 파브라이는 워런 버핏에게 직접 가르침을 받은 사람도 아닌데 버핏을 멘토로 삼은 것까지는 이해가 되지만 버핏을 직접 만나기 위해 왜 그렇게 큰돈을 들여 경매에 참여했을까? 여기에 대한 답은 책에서는 직접 만나 감사인사를 드리고 싶었다는 정도이고 구체적으로 다루지 않았지만 필자는 충분히 이해되고도 남는 부분이 있다. 우선 워런 버핏을 멘토로 삼아 덕분에 유명한 투자전문가가 되었고, 더불어 행복한 삶을 영위하고 있으니 제자가 스승을 직접 만나 스승에게 은혜를 돌리고 감사의 말을 전하고 싶은 마음은 충분히 이해된다. 그런데 문제는 보통사람은 3시간짜리 점심 한 번에 65만 달러 혹은 330만 달러라고 하면 우와, 설마! 하겠지만 사실은 그게 아니라는 점이다. 앞에서도 돈보다 관심이 먼저라고 말했듯 돈보다 사람이 우선인 셈이다. 사람을 얻으려면 관계를 맺어야 하는데 우리가 지금 갖고 있는 아무리 좋은 개인적인 인간관계도 처음에는 어떤 만남으로 시작되게 된다. 처음 만나면서부터 지금의 관계를 예상하고 만나지는 않는다. 그러므로 어떤 좋은 관계도 처음 만남 없이는 이루어지지 않는다고 볼 수 있다. 처음 만남이 있어야 연속해서 계속 만남을 이어갈 가능성이 생긴다. 난 지금껏 워런 버핏과의 점심경매를 낙찰받은 사람들이 전부 3시간짜리 만남 한 번으로 끝났다고 절대 생각하지 않는다. 워런 버핏의 입장에서도 이런 귀한 사연을 가지고 이렇게 큰 비용을 지불하면서까지 자기를 만나러 오는 사람에 대해 분명 감동했을 것이고 관계를 지속적으로 이어나가고 싶어 할 가능성이 많다. 그러므로 필연적으로 만남은 계속 이어졌으리라 생각한다. 한 번의 만남으로 끝났다면 그 만남은 크게 의미가 있는 만남이 아니다. 기부도 워런 버핏의 이름으로 기부를 하지 낙찰자의 이름으로 기부하지 않는다. 어떤 관계든 그 관계가 좋은 관계라면 연속된다. 연속되어서 결국 가치 있는 관계로 발전하는 것이다. 내가 투자에서 종자돈보다 관심이 먼저라고 하는 이유도 좋은 관심은 더욱더 좋은 관심으로 계속 이어져서 결국 목표하는 곳에 쉽게 다다르게 만들어주기 때문이다. 세상의 모든 해답들이 처음엔 하나의 아주 사소한 의문으로 시작되어 그 의문이 의문을 낳고 또 낳아 우리 세상을 바꾸는 것으로 귀결되듯이 말이다. 만남의 연속, 의문의 연속, 관심의 연속으로 결국 지혜와 철학을 만들고 성공하게 만들고 인간을 성장시키고 세상을 발전시키게 한다.

보통사람들은 무언가를 이루기 위해서 선택하고 판단할 때 사람을 먼저 보지 않고 돈을 먼저 보고 지불하는 비용을 먼저 생각한다. 비용을 먼저 생각하면 사람의 가치가 다가오지 않는다. 필자도 수없이 경험한 일이다. 우리가 원하고 갈망하는 것들을 이루기 위한 대부분의 큰 역할은 주로 사람이 한다. 그래서 투자를 하는 사람도 이 사람의 중요성, 관계의 중요성을 꼭 알아야 한다. 사람의 관계는 필연적으로 어떤 만남으로 출발한다. 저자 가이 스파이어도 티모시 파브라이를 처음 만나면서 시작되었다. 그 만남을 소홀히 넘기지 않고 감사인사를 쓴 것이다. 티모시 파브라이도 그 사소한 것을 소홀히 넘기지 않았고 감동할 수 있는 정서를 가지고 있었다. 티모시 파브라이 또한 어떤 책을 통해서건 간접적으로라도 워런 버핏과의 만남이 있었을 것이고, 그 첫 만남을 소중히 하여 멘토로 삼아 살아왔고, 결국 성공하여 자기 성공의 공을 아무 말도 직접 해준 적이 없는 워런 버핏에게 돌렸다. 그리고 우리돈으로 환산하면 7억이라는 2007년 당시로는 거금을 지불하면서까지 감사인사를 직접 전하러 가고 싶어졌을 것으로 보인다.

그러니까 이 두 가지 이유는 둘 다 감사하는 마음이다. 같은 감사인사지만 하나는 너무 사소해서 보통사람들이 쉽게 보는 것이고, 또 하나는 너무 커서 보통사람들이 엄두도 못내는 일이다. 부를 이룬 사람들은 이 두 가지를 동시에 잘 하는 사람들이고 이를 두고 부의 그릇이 크다고 나는 말한다. 어느 한쪽만 치우치지 않고 아주 사소한 것도 아주 소중하게 보고, 반대로 아주 큰 것도 중요한 일이라면 큰돈을 아낌없이 쓰는 사람들이다. 워런 버핏은 순자산 90조를 소유한 부자지만 아침식사 비용으로 4달러 이상을 지출하지 않으며 36억에 낙찰받아 먹는 점심도 스테이크지만 평소엔 20달러짜리 스테이크를 즐겨 먹고 아직도 10년 된 중고차를 직접 운전해 다닌다. 그리고 버핏은 지금껏 19번 점심 경매로 2960만 달러, 우리 돈 320억을 자선단체인 글라이드 재단에 기부했다. 이 돈은 가난한 나라 사람들의 의료와 식사, 보육에 쓰인다. 그가 운영하는 버크셔 해서웨이의 40년간 연간수익률 30% 이상이 그저 나온 것이 아니다. 마지막으로 여러분에게도 전하고 싶은 워런 버핏의 말과 함께 이 책의 저자가 버핏에게 공감한 주요내용 몇 가지도 올려본다.

돈을 제대로 쓰는 것은 돈을 버는 것보다 훨씬 어렵다. 재산을 사회에 환원하는 것은 돈을 제대로 쓰기 위해서다.

-워런 버핏

더 나은 사람들과 많은 시간을 보내면, 우리는 개선될 수밖에 없습니다.

-「워런 버핏과의 점심식사」에서

사랑은 돈으로 살 수 없습니다. 성은 돈으로 살 수 있습니다. 감사 만찬도 살 수 있습니다. 자신을 칭송하는 팸플릿도 살 수 있습니다. 그러나 사랑은 사랑스러운 사람만 받을 수 있습니다. 부자들에게는 몹시 화나는 일이지요. 부자들은 돈을 주고 사랑 백만 달러어치를 사고 싶을 것입니다. 그러나 그렇게는 되지 않습니다. 사랑은 더 많이 베풀수록 더 많이 받게 됩니다. 버핏이 내게 가르쳐 준 모든 교훈 중 이것이 가장 중요한 교훈일 것입니다.

-「워런 버핏과의 점심식사」에서

부자들은 아는
부동산 투자철학

한번 얻어진 투자철학은
평생을 간다

'부동산투자의 가장 큰 리스크는 투자자 자신의 무지다.'

'부동산가격의 상승은 돈의 가치하락이다.'

'막연한 투자가 가장 위험하다. 나만의 원칙을 만들어라.'

'환금성이 나쁜 것은 부동산의 단점이 아니라 장점이다.'

'한번 얻어진 투자철학은 평생을 간다.'

제가 운영하는 아카데미 수강생들이 6개월~1년의 교육기간을 마치면 설문조사를 실시한다. 그 설문조사에는 성공투자철학 파트의 여러

가지 투자지혜로 수업시간에 배운 말 중에 특별히 여러분의 가슴에 와 닿는 말은 무엇인가?라는 질문이 있다. 이 질문의 답으로 다양하게 나오지만 위에 적힌 '한번 얻어진 투자철학은 평생을 간다'는 소제목을 포함 위의 5가지가 주로 나오는 대표적인 답이다.

나의 수업 중에 가장 앞부분에서 강의되는 성공투자철학 편에 나오는 위의 말들은 내 강의의 첫 인상과 같은 말들이다. 아카데미는 처음에 3개월, 6개월을 등록하는 수강생들이 있고 우선 수업을 들어보고 등록하겠다는 수강생들도 있다. 그러나 나중에 만나 수강생들의 이야기를 들어보면 위의 성공투자철학으로 내가 수업 초기에 거론하는 말들 중에 어떤 말이 가슴에 참 와 닿았다고 말하는 경우가 많다.

내가 말하는 투자철학은 '투자기술보다 투자철학'이라는 장에서 "투자철학, 즉 투자지혜는 다양한 투자지식을 잘 결합하여 적재적소에 적용하고 실제로 경험하여 얻어진 새로운 관점이나 새롭게 정립된 아이디어 같은 것을 말하며 투자철학은 투자에 유용한 단편적 지식이 아니라 투자를 준비하고 시작하여 성과를 올릴 때까지 종합적인 관점에서 갖추어야 할 기본 마인드를 말한다. 물론 다른 전문가들에 의해 기존에 만들어져 회자되고 있는 투자철학을 언제, 어떻게 적용시키는지의 중요성을 아는 것도 포함해서이다. 그래서 투자지식보다 투자지혜나 투자철학이 더 넓고 종합적인 상위개념이라고 할 수 있으나 그렇다고 해서 투자지식이 꼭 많아야 투자철학이 쌓이는 것은 아니다. 투자철학은 철학대로 투자에 임하는 기본지식과 마찬가지로 기본 마인드로써 이해하고 지식처럼 받아들이면 좋은 투자철학을 체득할 수 있다"라고 말한 바 있다.

이 책에서 다루어지는 투자지식과 투자철학은 나의 20년 부동산투자 경험과 56년 삶의 경험을 통해 내가 이르게 된 결론이다. 물론 다른 전문가의 시각으로 보면 내공도 없고 어이가 없는 말들일 수도 있음을 인정한다. 부동산경제든 삶이든 바라보는 관점에 따라 생각이 다른 철학들이 얼마든지 나올 수 있기 때문이다. 그러나 내가 배운 이론과 경험을 바탕으로 나로서는 최선을 다해 만든 투자철학들이다. 특히 성공투자철학 편에 나오는 문장들은 오랜 시간 내가 사람들의 뇌리에 쉽게 파고들고, 이해하기 쉽고, 단 한 문장으로 공감하고 사람들이 많은 것을 느낄 수 있도록 고민하고 고민한 끝에 만든 말이다. 한 문장을 만드는 데 몇 년이 걸렸다 해도 과언이 아니다.

우리 삶은 실제 경험도 중요하지만 독서를 통해 다른 사람의 경험과 말을 공감하고 모방하여 살기도 하듯이 스스로 경험하지 않고도 공감하고 충분히 자기 지혜로 활용할 수 있도록 문장을 만들었다. 만약 내가 말하는 말 중에 여러분도 공감하는 투자철학이 있다면 여러분의 투자철학으로 받아들이고 부동산투자에 많이 활용하면 좋겠다고 생각한다. 여러분이 배운 투자에 대한 단편지식이나 수치들은 금방 잊어버리지만 여러분이 오늘 받아들이는 투자철학은 간단한 한 문장이지만 여러분의 투자를, 여러분의 인생을 결정적으로 만들 수도 있음을 명심하고 메모하고 소중히 다루어 꼭 기억하길 바란다. 여러분이 크게 공감하여 한번 얻어진 투자지혜는 평생을 간다.

가격정보의 독점-매물정보는
몇 군데 내어놓는 것이 가장 좋을까?

세계는 정보산업의 시대로 **전환한지 오래이**
다. 포브스지가 선정한 세계 10대 기업 안에는 애플, 마이크로소프트,
구글, 페이스북, 아마존닷컴 등 반 이상은 정보로 먹고 사는 기업들이
다. 미국이 지금 세계를 지배하는 것도 정보력이 세계 최고이기 때문
이라고도 말하곤 한다. 정보만으로 국가경쟁력을 따질 수는 없겠지
만 정보 자체가 돈 혹은 힘인 것은 사실이며 국가와 개인의 정보력은
대단히 큰 분야가 된 것만은 확실하다. 그러므로 개인이 정보를 취급
하는 양도 과거에 비해 상상을 초월할 정도로 많아졌다. 매일 쏟아지
는 정보의 홍수 속에서도 내가 힘을 가질 수 있는 정보를 선점하는 것

이 무엇보다 중요한 세상이 되었다. 누군가에게 꼭 필요한 정보를 모르는 국가나 개인은 정보를 아는 국가나 사람을 두려워하고 따를 수밖에 없다. 부동산투자에서도 필자는 정보는 그 자체로 돈이라고 말하곤 한다. 예를 들어 부동산투자에 필요한 개발정보를 아는 사람과 모르는 사람을 비교해 보면 금방 알 수 있다. 정확한 개발정보를 아는 사람이 모르는 사람보다 투자 우위에 서게 되는 것은 지극히 당연한 일이다. 이런 개발정보를 독점하는 세력은 대단히 큰 힘을 가진다.

　그러면 부동산 가격정보, 즉 매물정보의 독점은 어떨까? 예를 들어 매물을 내어놓을 때 한 곳의 부동산 사무실에만 정보를 독점시켜 주는 것은 어떤 결과를 가져올까? 사람들은 보통의 경우 매물정보는 가능한 많은 부동산 사무실에 내어놓는 것이 거래가 빨리 성사될 것이라고 생각한다. 그러나 그런 경우도 있고 아닌 경우도 있다. 아파트의 경우는 가격정보가 대부분 여러 곳에 오픈되어 있는 경우가 많다. 아파트의 경우는 가격정보를 매수자도 워낙 알기 쉽고 개별성이 약한 상품이기 때문에 여러 곳에 정보를 분산시켜도 사실 상관이 없다. 그러나 가격을 비교적 싸게 급매물로 낼 때는 여기저기 정보를 공개하는 것보다 정보를 제한시켜 주는 것이 오히려 정보 가치의 면에서 낫다. 가격이 비교적 싼 급매물이라면 그 가격정보가 너무 여러 곳에 있으면 싼 가격도 일반화되어 오히려 그게 적정가격으로 느껴지게 만들 수 있다.

또 아무리 가격정보가 흔한 아파트라 하더라도 각각의 부동산 사무실에서 제시하는 가격이 각자 영업스타일에 따라 다를 수밖에 없어서 매수자가 결정하는데 혼란을 가져올 수 있다. 이것은 특히 토지와 상가 등 일반인들이 가치분석을 하기 어려운 개별성이 큰 상품인 경우는 더욱 그렇다.

예를 들어 토지의 경우, 갑돌이가 A, B, C 부동산에 최소 3억 원에 매물로 내어놓았다. 그런데 A부동산은 고객에게 3억5천만 원을 제시하고, B부동산은 3억3천만 원을 제시하고, C부동산은 그대로 3억 원을 제시했다고 치자. 매수자 을순이가 A부동산에서 그 물건을 소개받았고, 자기가 찾던 딱 알맞은 것이라 본격적인 흥정을 했는데 A부동산은 3억3천만 원 이하는 도저히 깎아줄 기미가 안 보여 일단 결정을 보류하고 다른 부동산으로 가보기로 했다. B부동산에 갔더니 같은 물건을 조금 전 흥정해서 깎아놓았던 3억3천만 원을 제시해서 가격을 좀 깎았더니 3억2천만 원까지는 쉽게 될 것 같았고 잘 하면 3억1천만 원도 가능하겠다는 생각이 들어서 잠시 보류하고 다른 부동산에 또 가보고 싶은 생각이 들어 을순이는 다시 C부동산에 가보았다. 그런데 이게 웬일, 여기는 3억 원을 제시하는 것이 아닌가. 그리고 또 마음먹고 흥정했더니 꼭 사시겠다면 2억9천만 원까지 가능할 수도 있다며 부동산에서도 적극적으로 노력해 보겠다고 한다. 이럴 경우, 그러면 을순이는 세 부동산 중에 제일 싸게 제시하는 C부동산과 계약을 할 것 같지만 현실은 그렇지 않다. 현실은 C부동산의 답변을 물론 기다리기도 하겠지만 을순이는 돌아다녀보면 더 싸게 제시하는 곳이 있을 것이라 생각하고 또 다른 부동산을 찾아가게 된다. 그러므로 여러 부동산 사무실에 정보를 주면 의도와는 다르게 결정하는데 시간이 오히려 많이 걸린다. 그런데 문제는 을순이가 가격이 마음에 들지 않아 결정을 못하는 것이 아니었다는 점이다. A, B, C의 부동산 사무실에서 제시하는 가격이 서로 달랐기 때문에 다른 사무실에 가면 자기에게 더 유리한 가격 정보가 있을 것이라 생각됐기 때문이다. 매도자가 같은 금액으로 제시했더라도 부동산 사무실은 각각의 영업 스타일에 따라 가격을 다르게 제시한다.

만약 갑돌이가 A부동산에만 가격정보를 주었다면 을순이는 어떻게 되었을까? 을순이는 B, C 혹은 다른 부동산에 가본 결과 A부동산에서 제시한 물건보다 더 좋은 물건을 제시받았다면 몰라도 어쨌든 을순이의 마음에 들었던 A부동산의 물건은 없고 아무리 생각해도 A부동산의 물건을 매수하고 싶다면 을순이는 어떻게 할까? 이건 우리가 백화점에서 쇼핑을 해 봐도 알 수 있다. 결국 A부동산에 다시 찾아가서 가격을 조금이라도 더 깎거나 안 되면 3억3천만 원에 계약할 수밖에 없다. 을순이가 결국 A부동산에 가서 매달릴 수밖에 없는 것은 매수자 입장에서는 손해를 본 것 같지만 매도자 갑돌이의 입장에서는 정보를 A부동산에 독점시킨 결과가 훨씬 이익인 셈이다. 그런데 애초에 갑돌이가 A, B, C 부동산 3곳에 매도 의뢰를 할 때도 "3억3천은 받고 싶은데 최대 3억까지 양보하겠습니다"라고 했었다면 A, B, C 세 부동산 중 어느 부동산이 갑돌이의 의중에 가장 맞게 영업을 했을까.

이 결과에서도 보듯이 아파트보다 토지, 즉 가격정보가 투명하지 않은 것이거나 일반인의 가격분석이 어려운 것일수록 매물정보, 다시 말해 가격정보를 독점하면 고객과의 경쟁에서 힘을 갖고 우위에 서게 된다. 그러면 가격흥정에서 우위에 서는 만큼 보다 더 좋은 가격을 받을 수 있다. 내가 가진 가격정보가 독점이 아니면 고객이 왔을 때 가격을 빨리 더 깎아주지 않으면 다른 부동산에도 이 물건이 있다는 것을 알기 때문에 고객을 뺏길까 두려워 가격흥정에 힘을 전혀 못 쓸 수도 있다. 또 매수자도 원하는 대로 자꾸 깎아준다고 해서 계약이 잘 성사되는 것은 아니다. 정보를 여러 군데 나누어주면 정보가 빨리 전파될지는 몰라도 정보가 흔한 만큼 좋은 가격을 받기는 어렵다. 왜냐하면 이미 여러 곳에 공개된 정보이기 때문에 흥정에서 힘을 발휘할 수 없다. 그러나 정보의 독점은 갑돌이가 정보를 독점시켜 주는 부동산이 영업력을 잘 발휘하는 좋은 사무실을 선택해야 하는 전제조건이 있다. 그래서 전속중개를 하더라도 일정 기간을 정하면 된다. 이처럼 정보는 독점하는 것이 힘을 더 발휘한다. 그러므로 매도자는 정보의 독점 원리를 잘 이해하여 계약을 성사시키고 싶다면 부동산 사무실에 힘을 실어주는 방법을 알고 거기에 맞는 발언을 할 줄 알아야 한다. 부동산투자에 대한 지혜가 부족한 매도자일수록 이 정보 제한의 가치를 모르고 자기가 다 하려고 한다.

한국인의 영원한 숙제,
내가 살 집 소유와 임대 어떤 게 좋을까?

소유냐 임대냐 하는 것은 글로벌 세계 주택문제에 대한 공통의 고민이지만 이때 임대는 대부분 월세를 말하므로 여기서 말하는 소유냐 임대냐 하는 것과는 좀 다른 문제다. 여기서는 세계적으로 보아도 거의 한국 사람들만 고민하는 문제이다. 내가 사는 집을 전세로 살까, 사서 살까 하는 문제에 대해서만 생각해 보려고 한다. 우선 이 문제는 우리나라에서 전세가 어떤 배경에서 생기게 되었는지 그 이유를 아는 것이 중요하다고 생각한다.

우선 전세가 우리나라에 들어온 것은 정확히 알 수는 없으나 KB국민은행 박원갑 부동산 전문위원은 다음과 같이 말한다.

"본격적으로 전세제도가 확산된 것은 1970년대 이후라고 본다. 산업화과정에서 농촌인구들이 대거 대도시로 몰려 주택수요가 급증했지만 개인들은 돈을 빌릴 방법이 없었다. 모든 자본이 산업, 특히 수출산업 부문에 집중되었기 때문이다. 이러다 보니 집주인들이 주택구입과정에서 모자란 자금을 조달하기 위해 자기 집을 세놓는 관습이 생겨났다. 전세보증금이 이자를 내지 않은 은행대출 역할을 한 셈이다. 세입자들도 시골에서 올라올 때 집이나 논을 팔아서 올라왔기 때문에 번거롭게 월세를 내기보다 목돈을 맡기고 나중에 찾을 수가 있어 좋다고 생각했다. 전세제도는 이처럼 집주인과 세입자의 이해관계가 맞아떨어지면서 우리나라에서 보편적인 임대차제도로 정착되었다."

한국주택은행이 처음 생긴 것이 1969년이므로 이 당시 한국은 수출산업육성으로 인해 대부분의 은행들은 산업대출만 치중했지 개인의 주택담보대출은 발달하기 전이었고, 은행금리는 예금금리가 12,3%였으니 대출금리는 20% 전후로 매우 높았으며 그나마 개인은 은행대출을 엄두도 내지 못했다. 이런 사회적 상황에 전세보증금은 집주인이 무이자로 자금을 끌어 댕길 수 있는 절호의 찬스였다. 이 전세자금을 이용하여 집주인은 새로운 집이나 토지를 사서 재산을 늘려갈 수 있었다. 결국 한국의 전세제도는 임차인의 요구가 아니라 집주인의 무이자 목돈자금 필요성에 의해 생겼다는 것에 주목할 필요가 있다.

이때부터 90년대 초까지 고도성장기로 물가는 가파르게 오르고 돈의 가치는 떨어졌으니 실물인 부동산을 소유한 사람들은 재산가치도 가파르게 상승하여 전세가는 해마다 올랐다. 무이자로 집주인에게 돈을 빌려준 셈이던 임차인은 해마다 치솟는 전세가를 메우느라 허리띠를 졸라맬 수밖에 없었다. 이때만 해도 집주인이 부도가 나거나 하면 임차인은 전 재산인 전세보증금을 하루아침에 날리고 길바닥에 나앉는 경우가 빈번하게 일어났다. 그래서 만들어진 것이 대항력, 확정일자 등이 있는 주택임대차보호법이다. 우리나라 주택임대차보호법은 그동안 수많은 임차인이 길가로 내몰린 결과 그들의 피눈물과 바꾼 법인 셈이다. 그래도 여러분은 아직 나에게 집을 살까, 전세 살까 하고 묻고 싶은가.

한국은 IMF 졸업 이후 지금까지 오랫동안 저금리 기조가 지속되면서 주택임대는 전세에서 월세로 넘어가는 과도기에 있다. 2015년 국민은행 조사에 의하면 전세와 월세가 거의 반반이라 한다. 그리고 한국은행이 발표한 2018년 4월 금융시장동향에 따르면 주택담보대출 총액은 작년보다 6.8% 늘어난 578조4000억으로 해마다 늘어 가계대출

증가의 위험을 걱정해야 할 만큼 일반화되었다. 옛날처럼 대출금리가 높고 어려웠을 때는 몰라도 지금은 전세자금 정도만 있으면 집을 얼마든지 사고도 남는다. 매달 대출이자 갚는 것이 부담스럽지만 기본적으로 한국처럼 물가상승이 높은 인플레국가는 정부의 정책과 외부 경제 충격으로 인한 일시적인 집값 하락이나 정체가 있을지는 몰라도 회복하는 힘이 더 크다. 그러니 거주하는 집은 우선 사는 것을 원칙으로 하는 것이 좋다.

얼마 전 2014년 전후에도 서울 수도권의 재건축 재개발 이주수요가 맞물리면서 전세가의 높은 상승으로 임차인들이 오른 전세가를 맞추느라 난리를 친 적이 있다. 지금은 저금리 시대라 집을 전세 살지 말고 꼭 소유해야 된다고 말하기는 어려워졌으나 그래도 나는 내가 사는 집은 특별한 사정이 없는 한 무조건 소유가 낫다고 본다. 보유세도 낮은 한국에서 소유가 전세보다 불편한 것이 거의 하나도 없기 때문이다. 그런데 왜 고민하는가. 집을 소유하는 것이 좋을까, 전세 사는 것이 좋을까는 대부분 전세를 사는 사람이 경제적으로 이제 소유를 해도 괜찮을 시점에 와서 지금 집을 사면 오르지 않고 내릴까봐 하는 걱정인 경우가 많다. 대출이자 갚는 것도 부담스러운데 모처럼 마음먹고 산 집값까지 내리면 너무 억울하기 때문이다. 이런 사람들은 내 경험으로는 부동산투자 경험도 별로 없는 사람들이다. 늘 지금은 비싸고 사면 내릴 것 같고 시기가 좋지 않다고 생각하는 등 미래를 부정적으로 보는 성향의 사람일 확률이 높다.

집 하나는 무조건 사라. 기본적으로 누릴 수 있는 혜택이 다르다. 전세는 단지 그 집을 사용만 할 뿐이다. 그것도 내 집이 아니기 때문에 매우 조심해서 살아야 한다. 그러나 소유하는 것, 소유권이라는 것은 전세와는 차원이 다르다. 소유권은 사용뿐만이 아니라 그 부동산을 이용하여 수익을 향유할 수 있는 권리가 있고 또 가격이 오르면 팔아서 양도차익을 챙길 수 있는 처분의 권리도 있다. 단순히 이것만 생각해도 전세냐 소유냐를 고민할 필요가 없는데 사람들이 전세 살까 소유할까 고민한다는 것은 소유를 사용권한만 있는 것으로 좁혀서 생각하는 것과 같다. 물론 가격이 내릴 것 같은 불안에 그렇지만 그것은 현재만 보는 너무 근시안적인 생각이다.

집주인이 되어보면 전세 살 때보다 마음가짐부터가 달라진다. 집주인의 지위, 임차인의 지위는 자산을 형성하는 속도부터가 우선 다르다. 먹어본 놈이 맛을 안다고 집주인이 되면 자산형성에 더욱 적극적으로 변한다. 아마 30대 부부 중 집을 소유하는 쪽을 선호하는 그룹과 전세 사는 쪽을 선호하는 그룹으로 나누어 10년 뒤 그들의 자산형성 정도를 추적해 보면 매우 유의미한 차이가 분명 있다. 여러분은 소유

218

냐 전세냐 고민 말고 내 집은 그냥 사라. 대부분의 점에서 소유가 전세보다 훨씬 편리하다. 전세냐 소유냐 고민하는 것은 한국형 자본주의를 너무 모르는 고민이다. 혹시라도 종자돈을 마련하기 위한 것이라도 전세보다는 차라리 월세를 선택하는 것이 낫다.

지금 당장 자기의 부자지수를 계산하라! 나의 부자지수는?

나는 부자가 될 수 있을까? 미국의 조지아주립 대학교 스탠리 교수가 개발한 부자지수라는 것이 있다. 이 부자지수는 부자가 될 가능성을 수치로 보여준다는 점이 흥미롭다. 나의 투자와 소비습관은 올바른지, 나아가 미래에 내가 부자가 될 소지가 있는지를 평가해보는 지수이다. 대부분의 사람들은 부자지수가 0.5~2.0 사이로 0.5 이하라면 돈 관리에 문제가 있다는 뜻이고, 0.5~1 사이라면 노력이 필요한 상태, 1 이상이 나왔다면 돈 관리를 그런대로 잘하고 있다는 뜻이다.

부자지수를 구하는 공식에는 3가지의 수치가 필요하다. 첫째는 순자산(A)이라는 개념인데 현금, 예금, 주식, 채권, 부동산, 예금성 보험 등 총자산에서 대출금 등 자기가 안고 있는 채무를 빼면 된다. 이 지수는 자신의 능력이나 성향을 측정하기 위한 것이기 때문에 부모님께 상속받을 것으로 예상되는 자산은 포함시키지 않는다. 둘째는 총수입(B)이다. 총수입은 여러분의 연간 수입을 의미한다. 셋째는 나이(C)로 자신의 나이를 만으로 계산해야 한다. 단 부부 합산일 경우에 부부 평균 나이를 넣으면 된다. 부자지수를 구하는 공식에 들어가는 수치는 이렇게 3가지인데 그 계산식은 다음과 같다.

부자지수=(순자산×10)/(총수입×나이)

예를 들어 서울에 사는 최규칠이라는 남자의 가정에 대출과 채무를 뺀 순자산이 3억이고 연간 수입이 6천만 원이며 남자의 나이가 50세라면 부자지수의 계산식은,

(3억×10)/(6천만 원×50)=30억/30억이므로 부자지수는 1이다.

위 사람에게 이형숙이라는 40세인 배우자가 있다. 순자산이 1.5억, 연소득이 3천만 원이라면 배우자의 부자지수는 (1.5억×10)/(3천만×

40)=1.25이다. 이 경우 부부합산 부자지수는 (4.5억×10)/(9천만 원×45)=1.11이다.

위의 두 경우를 비교해보면 남편인 최규칠은 연 6천만 원의 소득으로 지금까지 순자산 3억을 모았고, 배우자 이형숙은 소득도 3천만 원으로 남편의 반인데 비해 모은 자산도 1.5억으로 남편의 딱 반이니까 두 사람의 부자지수는 같이 나오는 것이 정상이라고 생각하겠지만 남편은 1이고 아내는 1.25로 더 높게 나왔다. 그 이유는 3번째 요인인 나이에 있다. 이 부자지수의 중요한 3가지 인자 중 하나가 나이라는 것은 설령 같은 지수가 나와도 나이가 어린 사람이 돈을 더 모아 부자가될 기회가 많음을 이 부자지수는 인정하고 있다. 그리고 이 부자지수는 자산 모으기, 재테크, 투자를 하루라도 일찍 시작하면 부자가 될 확률이 조금이라도 더 빠르다는 것을 말해준다.

부자지수라는 것이 뭐 절대적인 가치를 가지고 있는 측정지수는 아니지만 나는 하루라도 빨리 돈의 원리를 깨치고 돈을 소비하는 것보다 투자하는 데 관심을 가져야 하는 것을 시사하는 것이라 받아들이고 강의에서도 활용한다. 내가 좋아하는 우리 속담에는 '시작이 반이다'라는 말이 있다. 이 말은 우리가 마음으로는 알고 있으면서 실행을 잘 못함에 대하여 시사하는 바가 커서 내가 좋아하고 자주 인용하는 말이다.

정말 시작이 반이라고 생각하면 언제 시작하느냐 하는 것은 우리에게 아주 다른 결과를 불러올 가능성이 매우 크다. 실패를 해 보더라도 일찍 해 보는 것이 낫다. 나중에는 실패가 두려워 시작조차 하기 힘들기 때문이다. 그리고 일찍 시작하는 것은 무엇보다 그때 했어야 했는데 하는 후회를 남기지 않는다. 무엇이든 우선은 해 봐야 안다. 그렇다면 조금이라도 일찍 해 보면 일찍 해 보는 그 자체로 여러분이 부자라는 목표에 다가설 가능성은 커진다.

대한민국은 이제 학력시대에서 돈의 지성시대로 패러다임 전환기를 맞았다. 여러분의 눈에는 보이지 않겠지만 이미 이 전환은 우리 사회에 시작되었다. 학력보다 돈력, 즉 돈에 대한 지성이 누가 좋은가로 앞으로 내 경제가 판가름 난다. 학력이 좋아야 성공하는 것이 아니라 우리는 자본주의 돈에 대한, 나아가서 투자에 대한, 더 나아가서 경제에 대한 지성으로 누가 더 많이 무장했느냐 그 결과에 따라 성공과 실패가 판가름 나게 된다.

제가 말하는 부자지수를 다른 것이 아닌, 여러분이 돈에 대한 이해를 하루라도 빨리 밝혀 자산을 모으는 것을 하루라도 빨리 실행하자는 의미로 받아들여서 여러분의 꿈과 삶의 가치를 실현하는데 도움이 되었으면 좋겠다.

부동산투자는 비싸게 사서
싸게 파는 것이다

부동산투자는 비싸게 사서 싸게 파는 것이다? 이 말에 금방 느낌이 오지 않는 분들이 대부분일 것이라 생각한다. 도대체 무슨 소리인가? 싸게 사서 비싸게 사는 것이란 말은 많이 들어보았지만 비싸게 사서 싸게 팔다니? 그럼 손해 보라는 말인가?

결론부터 말하면 비싸게 사서 싸게 파는 것이란 너무 욕심 부리지 말라는 말이다. '무릎에 사서 어깨에 팔아라'는 말과 같은 말이다. 누구나 살 때는 싸게 사고 싶어 하고 팔 때는 비싸게 팔고 싶어 한다. 당연하다. 그러나 너무 싸게 사는 것에 목숨을 걸면 오히려 비싸게 사는 경우가 허다하다. 무슨 말이냐 하면 싸게 사는 데 집중하는 사람은 나에게 제시된 가격은 무조건 비싼 것이고 비싸게 내놓은 것이며 비싸게 부른 것이라고 생각한다. 그러니 어떡해서든 많이 깎으려고 한다. 조금이라도 깎지 않으면 손해라고 생각하게 된다. 그러나 시장에는 다양한 물건들이 나오고 다양한 성향의 사람들이 물건을 내놓는다. 가격과 가치를 잘 아는 사람의 입장으로 보면 가치에 비해 가격이 아주 싼 것도 있고 반대로 아주 비싼 것도 있다. 그런데 가치에 비해 비싸게 나온 것은 깎는 것이 당연한데 가격에 민감한 사람은 가치에 비해 가격이 아주 싸게 나온 것도 깎아야 한다는 강박관념에 사로잡혀 강하게 자기 의사를 주장하다 거래가 깨지는 경우가 허다하다. 가격 깎는 것에만 집중하여 가격이 자기 마음먹은 대로 되지 않으면 감정적으로 흥분하여 거래를 성사시키지 못하는 셈이다.

이것은 투자에는 감정을 개입시키지 않아야 한다는 나의 투자철학에도 벗어나는 것으로써 좋은 결과를 가져올 수가 없다. 투자는 싸게 사서 비싸게 파는 것이라는 원칙은 이해만 하시고 잊어버리는 것이 좋겠다. 이 원칙을 너무 강박적으로 생각하면 흥정하는 데도 불리하게 작용한다. 또 부동산은 미래 가치를 보고 사게 된다. 미래 가치가 좋으면 현재 가격은 심리적으로 조금 가볍게 대응하는 것이 좋다. 그렇다고 현재 가격을 무시하라는 말이 아니라 흥정을 할 때도 거래성사에 더 초점을 맞추라는 이야기다. 현재 매입가격은 전체적인 투자 과정의 하나로 보고 좀 가볍게 클리어하라는 뜻이다. 부동산가격은 최소 1, 2억 원 또는 10억, 20억 원으로 단위가 크다. 그리고 투자기간도 짧아야 5년, 보통 10년은 간다. 그러니 시장물건 사듯이 가격을 흥정하면 안 된다. 가격흥정 때도 말했지만 전략적으로 해야 한다. 즉, 가격으로 승부하는 것이 아니라 큰 흐름으로 승부하는 것이다. 정확한 미래 가치 분석이 관건이지 지금 조금 더 싸게 사는 것은 중요하지 않다. 오히려 결정만 어렵게 만들 뿐이다.

비싸게 사서 싸게 판다는 것은 가격을 크게 깎지 못했지만 가치로 보면 싸게 사는 것이란 말이며, 팔 때도 자기 투자원칙에 따라 파는 것으로 결정하였으면 그 순간에 너무 많이 남기려고 욕심 부리지 말고 성사시키는 데 포인트를 두라는 의미이다. 투자로 사고파는 것은 원칙대로 전략대로 계획대로 성사시키는 것이 훨씬 중요하다는 말이다. 비싸게 사서 싸게 파는 것이라는 말은 나무만 보지 말고 숲을 보라는 의미이며 가격보다 가치를 보라는 말이고, 짧게 보지 말고 길게 보라는 말이며, 감정을 개입시키지 말고 원칙대로 하라는 말이고, 즉흥적이 아니라 계획적으로 하라는 말이며, 내 욕심만 보지 말고 상대를 배려하는 넉넉한 마음을 가지라는 말이다.

경기를 보는 눈,
점을 보지 말고 선을 보라

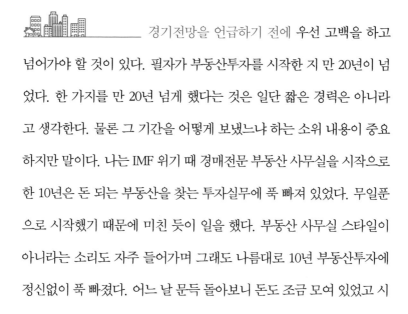 경기전망을 언급하기 전에 우선 고백을 하고

넘어가야 할 것이 있다. 필자가 부동산투자를 시작한 지 만 20년이 넘

었다. 한 가지를 만 20년 넘게 했다는 것은 일단 짧은 경력은 아니라

고 생각한다. 물론 그 기간을 어떻게 보냈느냐 하는 소위 내용이 중요

하지만 말이다. 나는 IMF 위기 때 경매전문 부동산 사무실을 시작으로

한 10년은 돈 되는 부동산을 찾는 투자실무에 푹 빠져 있었다. 무일푼

으로 시작했기 때문에 미친 듯이 일을 했다. 부동산 사무실 스타일이

아니라는 소리도 자주 들어가며 그래도 나름대로 10년 부동산투자에

정신없이 푹 빠졌다. 어느 날 문득 돌아보니 돈도 조금 모여 있었고 시

작할 때와는 비교가 되지 않을 정도로 큰돈을 운용하고 있었다. 그래서 성인오락실 사업도 몇 군데 시작했다가 접고 또 학문적 갈증이 생겨 부동산학 공부도 시작했다. 다시 공부를 시작한 지 8년 후인 2015년 석박사를 마치고 지금은 부동산 투자 강의와 직원 몇 안 되는 작은 부동산 사무실을 운영하고 있다. 필자는 이렇게 보내는 20년간 부동산 경기전망에 대해서도 매년 엄청난 고민을 해 보았다. 매년 새해가 되면 언론에 새해 부동산 경기전망이라는 타이틀을 내걸고 특집기사를 내기도 했다. 내 스타일은 좋게 말하면 잘 양보하는 스타일이고 나쁘게 말하면 좀 쉽게 포기하는 스타일이다. 그러나 필자가 납득하지 못하는 것을 무턱대고 계속하는 스타일은 더더욱 아니다. 선천적으로 누구 펀드는 걸 좋아하지도 않는다. 이걸 뭐 좀 객관적이라고 주장하고 싶은 것도 아니다. 어쨌든 이런 스타일인 필자도 남 앞에서 좋은 시기니 나쁜 시기니 부동산의 미래 경기전망을 수없이 해 보았다는 것을 밝혀두고 싶다.

그런 의미에서 말한다. 경기전망에 대해서는 먼저 필자를 비롯하여 전문가의 경기전망에 앞으로 신경 쓰지 말라고 먼저 이야기하고 싶다. 전문가의 경기전망은 그냥 보통 점집에서 점쟁이들이 말하는 것과 크게 다를 것이 없다. 아니 오히려 더 확률은 낮을지도 모른다. 최소한 점쟁이들은 찾아온 의뢰인의 마음은 생각하기 때문이다. 미국의 월스

트리트저널(WSJ)에서 재미있는 게임을 한 적이 있다. 원숭이와 펀드매니저, 아마추어 투자자가 10개월 동안 주식투자 수익률 게임을 했다. 그런데 이 게임에서 펀드매니저와 아마추어 투자자가 냉정한 기술적 분석과 경험을 모두 동원해 투자대상을 선정한 반면, 원숭이는 신문기사에 실린 주식시세표에 무작정 다트를 던져 종목을 찍었다. 하지만 게임의 승리자는 원숭이였다. 모두 마이너스 수익률을 기록했지만, 투자자들의 손실률이 원숭이보다 약 6배나 높게 나왔다. 원숭이 이야기를 가지고 전체를 호도할 생각은 추호도 없다. 그러나 한번쯤 생각해 봤으면 한다.

왜 언론에서는 전문가들의 전망이 끊임없이 쏟아져 나오고 그것도 부정적인 전망이 많을까. 하나의 큰 이유는 언론과 전문가들의 목적이 서로 딱 맞아떨어지기 때문에 그렇다. 또한 경험이 많은 언론과 전문가일수록 시청자들의 심리를 더 잘 이용하기 때문이다. 언론은 늘 자극적인 단어를 이용하여 시청자들의 심리를 자극한다. 그런데 또 유심히 지켜보아야 할 사실은 전망이 맞고 안 맞고를 떠나 언론에 나오는 전문가들은 사실 대부분 학교에서 연구를 하거나 민간 연구실에 계시는 분들이다. 그러므로 실제로 투자를 직업으로 삼는 사람들이 아니다. 앞에서도 말했지만 부정적인 말은 오래 남고 쉽게 기억된다. 예를 들어 말을 해 보자. 부동산가격 거품에 대한 이야기는 일본의 경기가 거품이 꺼진 후부터 줄곧 한국 언론에서 전문가의 단골 멘트였다. 아마 한국 부동산도 일본처럼 거품이 많이 끼었으니 언젠가 거품이 꺼질 것이란 말을 대한민국 사람이면 들어보지 않은 사람이 없을 정도이다. 지금도 계속 이 거품 이야기는 진행 중이다. 아마 한국 부동산가격이 일본처럼 거품이 꺼질 때까지 거품론은 계속 나올 것이다. 거품을 말한 지가 이미 20년이 지났다. 일본의 잃어버린 10년, 20년이 한국에도 올 것을 걱정해야 될 것이 아니라 그놈의 거품론 때문에 잃어버린 나의 10년, 20년을 걱정해야 될 판이다.

또 언론에 등장하는 전문가들의 입장으로 돌아가 보면 왜 그분들이 부정적이고 자극적인 단어를 쓰는지 이미 앞 챕터에서 설명한 바 있다. 그러므로 학자들은 자기 연구의 결과를 바탕으로 끊임없이 전망을 던지는 것이 좋은 것이다. 그러므로 언론에서 전문가들이 전망을, 그것도 부정적인 전망을 많이 하는 것은 아주 자기 일에 최선을 다하고 있는 셈이다. 내 가정의 경제를 운영하는 내 자신뿐만 아니라 내가 다니는 회사의 경제나 내가 경영하는 사업에 달려 있고 또 그것은 국가경제나 국가정책에 크게 좌우됨을 우리는 잘 안다. 지금은 내 경제가 우리 국가의 경제에 한정된 것이 아니라 세계가 하나인 글로벌경제 시대이므로 세계의 정치, 경제 모든 것이 내 가정경제의 변수가 되었다. 이런 복잡하게 얽힌 경제를 어떤 전문가가 쉽게 미래를 예측하기에는 무리가 있음을 인정해야 한다. 아무리 전문가라 하더라도 그 자료나 통계는 이미 지나간 과거의 것이기 때문이다. 그러므로 경기전망에 있어서는 가능한 겸손한 태도를 견지해야 한다.

경기를 보는 눈을 이야기할 때 필자는 늘 '점을 보지 말고 선을 보라'는 말을 한다. 이 말을 되풀이해서 머릿속에서 되뇌이면 조급한 마음이 조금 가라앉는다. 그리고 왠지 모를 용기 내지는 확신 같은 것도 올라온다. 경기를 볼 때 점을 보지 마라는 말은 현재만 보고 판단하지 말라는 뜻이다. 상품의 가격으로 말하면 현재의 가격이 싸게 느껴지는 경우란 없다. 그건 어느 누구에게나 마찬가지다. 물론 가치를 파악하는 사람에겐 싸게 느껴질 때가 있지만 여기서는 가치가 제대로 적용된 가격이라는 전제하에서 말한다. 미래는 불확실성에 쌓여 있고 경제는 특히 그 불확실성이 더 심하다. 그런 불확실한 변화는 현재를 보고 읽는 것이 아니라 전체적인 흐름을 읽어야 한다. 좁게 보면 오류를 일으키기가 너무 쉽다. 점을 보는 것은 현재 그 지점만 보는 것이다. 현재 그 지점만 보면 우리가 서 있는 그 지점은 대부분 평지다. 그러나 그 지점을 연결한 선으로 보면, 즉 조금만 위로 올라가서 내가 서 있는 지점을 바라보면 내가 오르막 또는 내리막길을 보고 서 있는지 알 수 있다. 지구는 둥글다. 그런데 지구가 둥글다는 것을 우린 우리가 서 있는 지점에서는 도저히 알 도리가 없다. 과거 오랜 역사 속에서는 지구가 둥글다고 하는 것은 대역죄에 해당했다. 지금은 누구나 지구가 둥글다는 것이 진리임을 안다. 왜냐하면 우주에 올라가서 보면 지구가 둥근 것을 바라볼 수 있기 때문이다. 지구 전체를 보려고 해야 지구가 둥글다는 것을 알지 부분으로 판단하려면 수평선에 끝이 있어도 둥글다고 판단하기는 어렵다. 선을 보라고 말하는 것은 선은 무수한 점의 연결이기 때문이다. 선으로 본다는 것은 부분인 점을 무수히 의식적으로 연결시켜 선으로 만들어 보는 것과 같다. 결국 부분을 보지 말고 전체 흐름을 보라는 말이며, 지금 나타나는 현상만을 보지 말고 그 안의 본질을 보라는 말이다. 본질을 보기 위해서는 현상만으로 판단하지 말고 과거의 경험을 되새겨서 현재를 보는 것에만 머무르지 말고 미래를 상상하려고 늘 노력하라는 말이다. 경기는 이렇게 정성을 다하여 매우 겸손하게 읽어야 한다. 그리고 가능한 길게 보아야 한다.

부의 그릇을 키워라

그 사람 그릇이 참 크네. 이렇게 말하듯 사람에게는 그릇이 있다. 이때의 그릇은 마음을 담아내는 그릇을 말하고 마음이 넓다라고도 한다. 그런데 부의 그릇은 무엇일까? 이 그릇에 대한 이야기는 내가 지금껏 그릇에 대해 썼던 글로 대신할까 한다.

『마음의 그릇이 그 사람의 마음의 크기를 나타내는 그릇이니까, 부의 그릇이란 똑같이 그 사람의 부를 담아내는 그릇을 말한다. 마음의 그릇이 커야 세상의 일을 많이 담아낼 수 있고, 인간의 온갖 감정과 마음을 읽고 이해하고 포용하는 양이 많아진다. 마찬가지로 부의 그릇이 커야 부를 많이 담을 수 있으므로 부의 그릇의 크기는 내가 부자가 될 수 있나 없나를 알아볼 수 있는 척도가 될지도 모른다.

그렇다면 여러분의 부의 그릇은 어느 정도 큰가?

아직 그 그릇이 없거나 작다면 어떻게 만들고 또 키울 수 있을까?

빌 게이츠의 부의 그릇은 어느 정도일까?

평범한 회사원의 부의 그릇은 어느 정도일까?

빌 게이츠가 도산하면 또 돈을 많이 벌 수 있을까?

월급밖에 모르는 회사원이 직장을 잃으면 어떻게 돈을 벌까?

이 질문에 대한 답을 한 번씩 생각해보라. 사람은 다른 사람을 이해한 경험이 많고, 큰 고난을 이겨냈거나 삶의 이치에 밝은 사람이 마음의 그릇도 크다. 마찬가지로 부의 그릇 또한 돈을 다룬 경험, 큰돈을 다루어 본 경험, 작은 돈밖에 다루지 못한 경험들이 모여 그대로 자기의 부의 그릇이 된다. 은행직원이 돈을 많이 만져보는 것은 돈을 다룬 것이 아니다. 돈을 다룬 경험이란 돈을 자기 책임하에 움직이고 직접 운영해본 경험을 말한다. 복권당첨자가 돈을 다 탕진하고 결국 전보다 더 불행하게 사는 확률이 높은 것도 부의 그릇이 작은 사람은 결국 큰 부가 자기에게 찾아와도 담아내지를 못하니 지키지 못한다는 말이다. 여러분이 복권에 당첨되면 돈을 잘 쓸 수 있을 것 같은가? 이것은 생각만으로 되는 일이 아니라 그만한 부의 그릇을 가지고 있어야 한다.

돈을 버는 것이란 무엇인가?

돈을 버는 것이란 다른 어떤 '사람'이 나에게 돈을 주는 것이다. 그래서 돈은 흐르고 이전한다. 그러므로 돈을 잘 벌지 못한다는 말은 누군가 나에게 돈을, 돈이 될 기회를 잘 주지 않는다는 뜻이다. 자본주의 사회에서 돈의 원리는 한 곳에 머무르지 않고 맡겨지든 투자되든 소비되든 순환되고 흐른다. 그래서 부는 사람에서 사람으로 이전되기 마련인데 이 돈과 부를 줄 수 있는 위치에 있는 사람들이 부의 그릇이 작은 사람에게는 줘봐야 필요 없다는 것을 알기 때문에 주지 않는다. 자기의 부의 그릇이 크다면 돈을 주는 사람은 분명히 그 그릇을 알아보고 그 그릇에 담길 돈을 주게 되어 있다. 그러므로 내가 지금 내가 원하는 만큼의 부자가 아니라면 난 아직 부의 그릇이 그만큼 작다고 보면 된다.

그리고 또 한 가지. 마음의 그릇이 크지 않으면 부의 그릇이 클 수 없다. 부의 그릇은 결국 그 사람의 마음의 그릇에 담기기 때문이다. 그러므로 부의 그릇이 크려면 많은 삶의 경험과 다양한 인간관계의 경험으로 우선 마음의 그릇이 커야 하고 그리고 그 바탕 위에 돈을 직접 다루고 잘 써 본 경험이 많아야 한다. 우리가 일반적으로 저 사람은 신용이 좋다는 말은 좁게는 돈 약속을 잘 지킨다는 뜻이다. 그러나 넓게 보면 모든 면에 있어 믿을 수 있다는 말이므로 신용이 아주 좋다는 말은 곧 부의 그릇이 크고 마음의 그릇도 크다는 말이다. 이 두 그릇은 마음의 그릇 안에 부의 그릇이 담기는 형상이다. 그러므로 마음의 그릇이 크지 않은데 부의 그릇만 큰 사람이란 존재하기 어렵다. 돈은 좋은 곳, 즉 사람에게 써야 순환하여 더 크게 돌아오는 데 돈이 들어오면 놓지 않으려는 수전노처럼 돈에 지배당하거나 돈의 노예가 되는 것은 아무리 많은 돈을 가지고 있어도 부의 그릇은 결코 크지 않다는 의미다.

그리고 부의 그릇이나 마음의 그릇이나 한 번 키워 놓으면 다시 작아지지 않는다. 만약 다시 작아졌다면 그것은 애초에 크지 않았던 것을 크다고 착각한 탓이다. 그러므로 빌 게이츠는 지금 회사가 망해도 다시 부를 일으킬 가능성이 매우 높고, 월급만 받으며 회사원으로 오래 산 사람은 직장을 잃으면 새로운 부를 일으킬 가능성이 매우 낮다. 왜냐하면 지금 현재 가진 부의 그릇이 크고 작은 차이 때문이다.

우리는 학기 중에 100만 원 종자돈 모으기를 했다. 시시한 돈일지 모르지만 실행하면서 각자 많은 것을 느꼈을 것이다. 5백만 원, 5천만 원, 1억 원 등의 종자돈을 왜 모을까? 종자돈의 크기 만큼, 어려운 만큼 부의 그릇이 커지기 때문이다. 그리고 종자돈을 모으는 과정도 돈을 다루는 것이고, 그 결과로 생기는 종자돈도 결국 직접 운영하게 되기 때문이다. 여러분의 100만 원은 여러분이 이제부터 만들어 키워야 할 부의 그릇으로 생각하고 소중하게 다루고 앞으로 그 그릇을 잘 키워 나가는 데 힘쓰기 바란다.』

2015. 12. 18.

-동의대 재무부동산학과 3학년 마지막 강의 중에서

『그릇

오늘 아침엔 직원과 같이 산에 올랐다. 생각하는 시간 대신 이야기를 듣는 시간이었다. 이과장의 큰오빠 이야기는 자주 듣지만 들을 때마다 훌륭한 분이란 걸 느낀다. 어려운 시절 배우지 못했지만 목수로 중동에 가서 돈을 벌어 지금은 건설사 회장으로, 특히 주변의 모든 가족을 건사하며 성공적인 삶을 살고 있다.

목수는 좋은 기술이다. 그러나 대부분의 목수는 그대로 목수인 채로 살아간다. 그 이유는 기술이 없어서가 아니라 그릇이 크지 않기 때문이다. 그릇을 키우는 것은 기술이 아니라 그 사람이 가진 꿈과 반드시 이루어 내려는 열정과 고난과 실패를 받아들이는 마음과 다른 사

람과의 갈등을 풀어내는 넓은 아량 같은 이런 마음들이 모여 그릇을
키운다.

늘 말하지만 부자가 되는 것도 마찬가지다. 무슨 투자 기술이 좋아
되는 것이 아니다. 우리 삶은 기술만 좋다고 이루어질 정도로 그렇게
단순하지 않다. 복잡하게 얽혀 있는 우리 삶을 누가 최대한 넓은 마음
으로 최대한 높은 곳에서 바라보느냐에 따라 기술은 비슷해도 완전히
다른 삶을 산다. 자기 그릇만큼 부가 담긴다.』

2017년 5월 20일 토

- 일기 중에서

『놓인 그릇의 모양에 따라 물이 고이는 양이 다르다.

'억수가 쏟아져도 잘못 놓인 그릇에는 물이 담길 수 없고, 가랑비가
내려도 제대로 놓은 주발에는 물이 고인다.' 원철 스님은 '아름다운 인
생은 얼굴에 남는다'라는 산문집에서 놓인 그릇의 모양에 따라서 물이
고이는 양이 다름을 말했다. 비는 하늘이 주는 것이지만 그릇은 땅에
사는 인간의 마음과 노력으로 만드는 것임을 강조했다. 참 좋은 말씀
이다.

나도 그릇이란 단어를 무척 좋아하고 늘 그릇을 키우려고 관심을 가진다. 원철 스님은 그릇의 놓인 모양에 집중했지만 난 그릇의 크기에 더 관심을 가진다. 그릇이 작으면 아무리 잘 놓아도 고이는 물은 적고, 욕심대로 차지 않으니 늘 괴롭다. 그릇이 크면 설령 제대로 놓지 않아도 엎어놓지만 않으면 물은 많이 고인다. 작은 부는 가진 기술만 좋아도 이룰 수는 있다. 그러나 큰 부는 기술만으로 이룰 수 없다. 기술에 마음을 입히고 철학을 담아야 한다. 요즘 강조하는 창조적 융합도 기술만 좋은 사람이 아니라 가진 기술에 인간을 향한 넓은 아량을 베푸는 사람이 잘 할 수밖에 없다.

그릇이 작은 사람은 정작 그릇이 큰 사람보다 작고 섬세한 부분을 못 보고 그릇이 큰 사람은 오히려 사물을 잘게 쪼개어 세심하게 볼 줄을 안다. 이 세상에서 가장 큰 그릇은 기술로 만든 것이 아니라 마음으로 만든 그릇이다. 그러니 마음을 키워야 그릇도 커진다. 큰 꿈을 가지고 꿈을 반드시 이루어 내려는 강한 열정으로 많은 고난과 큰 실패를 기꺼이 감수하고, 다시 일어서는 용기와 다른 사람과의 갈등을 풀어내는 넓은 아량과 끊임없는 자기 공부, 이런 마음과 철학이 그릇을 키운다.』

2017년 10월 19일 목

- 일기 중에서

『나눌 수 있는 지혜

몸을 건강하게 유지하기 위해서는 적당한 운동, 규칙적인 생활 그리고 고른 영양이 중요하다. 식욕이란 인간의 생명유지에 필요한 근본적인 욕구다. 배가 고픈 이유는 몸이 영양소를 원하기 때문이다. 몸이 성장하고 있다는 증거이기도 하다. 마음에도 영양이 필요하다. 마음의 영양이란 바로 배움이다. 그러므로 새로운 것을 배우는 기쁨, 알고 싶은 욕구는 마음이 성장한다는 증거다.

그러나 한 가지 조심해야 할 것이 있다. 힘들게 얻은 마음의 영양분을 써먹지 못하고 머릿속에서 썩히는 일이다. 예전에 이런 사람을 만난 일이 있다. 책도 많이 읽고 세미나에도 자주 참석하며 무척 열심히 공부하는 사람이었는데, 어찌 된 일인지 전혀 행복해 보이지 않았다. 그의 입에서는 늘 부정적인 말만 쏟아졌다. "책을 읽었는데 지루했어요."라든가 "세미나에 참석했는데 수준이 떨어지더라고요." 등 자신의 지적 수준이 얼마나 높은지를 뽐내려는 듯한 말뿐이었다. 나는 이런 사람을 만나면 '이 사람은 머리 변비구나'라고 생각한다. '머리 변비'란 머리에 지식을 쌓아두기만 하고 실천하지 않는 것을 뜻한다. 장이 정상적으로 기능하지 못하면 변비가 생기듯, 머릿속에 쌓아둔 지식을 행동으로 옮기지 않으면 머리 변비가 생긴다.

"백 번 듣는 것보다 한 번 보는 것이 낫다"라는 말이 있다. 좋은 것을 알았다면 즉시 실천해야 한다. 지식은 행동으로 옮겼을 때 비로소 지혜가 된다. 그리고 그렇게 얻은 지혜를 주변에도 퍼뜨려야 한다. 많이 배우고 많이 실천한 사람은 분명 성공한다. 더불어 자신의 지혜를 주변에도 퍼뜨릴 줄 안다면 성공한 사람에 그치지 않고 좋은 사람이 될 수 있다.』

2017년 12월 6일 수

-사이토 히토리의 제자 시마무라 에미코의 '그릇' 중에서

🔍 김박사의 부의 그릇 키우기 팁

구체적인 목표를 세워라.

10억 모으기가 목표라면 단지 10억을 언제까지가 아니라 10억의 용도를 정확히 정하라. 지금 10억을 모으려면 당장 5천만 원이라도 모아야 하고 당장 1천만 원을 모아야 한다. 1억을 모으기 위해서는 올해 1천만 원, 이 달에 100만 원 오늘 얼마를 절약하여 모으는가가 중요하다. 막연하게 10억을 생각하면 오늘 내가 할 일도 늘 막연하다. 천만 원이라도 뚜렷하게 목표를 세우고 모으기 시작하면 내 그릇을 파악할 수 있다.

천만 원이 아니라 먼저 투자서적 100권을 읽는 것을 목표로 해도 좋다. 실행하면서 겪는 모든 시행착오들이 모여서 그릇을 만든다. 중간에 포기하면 그릇이 그것으로 키워질 기회를 잃는 것이고 힘들어도 참고 인내하면 그만큼의 노하우가 쌓여 가게 된다. 포기하면 아무것도 없다는 것이라도 배운다.

평범한 쇠붙이는 작은 못 하나도
끌어당기거나 들어 올리지 못한다

큰 성공을 이룬 사람이나 **어떤 경지에 이른 사**람들이 거기까지 이르게 된 배경에는 그들 대부분의 목표가 원대했거나 추구한 경지가 높았기 때문이 아니다. 그 이유는 그 목표와 경지에 이르기까지 '어떤 여정'을 거쳤느냐 하는 바로 이 여정의 중요성을 말하는 경우가 많다. 실로 필자도 극히 공감되는 부분이다. 예를 들어 어떤 목표를 이루기까지 2년간의 시간이 필요하다면 이 2년 동안을 어떻게 보냈느냐 하는 것이 바로 성공의 열쇠다. 그렇다고 본다면 이 2년을 좁히고 좁히면 결국 오늘 24시간을 어떻게 보냈느냐로 귀결된다. 그렇다고 하루만 잘 보내면 끝나는 것이 아니고 2년간 지속적으로 잘 보내야 하므로 이때 중요해지는 것이 결국 그 사람의 평소 생활습관이다. 누구나 가진 습관이 아닌 남다른 좋은 습관을 가지고 있으면 무엇을 원하든 쉽게 성취할 수 있다.

약간의 과장이 보태졌는지는 모르겠지만 '만 권의 책'에서 뽑은 부자들의 비밀을 알려주는 책이 있다. '당신을 부자로 만들어주는 것들'(김병완 저, 티즈맵 출판)이라는 책인데 필자가 자주 수업에서 인용하는 문구 하나가 있다. 그것은 '평범한 쇠붙이는 작은 못 하나도 끌어당기거나 들어 올리지 못한다'는 말이다. 그렇다, 실제로 작은 못 하나라도 끌어당기거나 들어 올리기 위해서는 끌어당기는 힘을 가진 자석이 있어야 한다. 필자의 생각으로는 그 자석이 바로 습관이다. 그러면 습관은 어떻게 형성되는가? 누군가에게 습관으로 굳어지려면 먼저 의식이 있어야 하고, 의식만으로도 안 되고 의식에 따라 행동해야 한다. 그런 의식과 행동이 매일 일상처럼 되어야 비로소 습관이 된다. 그것도 보통사람들의 의식이나 행동이나 습관이 아닌 성공할 수밖에 없는 남다른 의식과 행동으로 다듬어진 습관이어야 한다.

요즘 나오는 자기계발서에도 성공하는 사람과 못하는 사람의 성향과 습관, 부자가 되는 습관을 가진 사람과 가난한 사람들의 습관이나 행동성향을 분석해놓은 책들이 많이 나온다. 필자도 그런 책들을 자주

보지만 필자는 그 중에서도 바로 이 책의 내용에 주목한다. 성공한 사람들을 무엇이든 공통점으로 묶을 수 있다면 그건 환경이 아니라 습관이다. '인생을 바꾸는 부자습관Rich Habits'의 저자 토마스 C. 콜리는 223명의 부자와 128명의 가난한 사람들을 대상으로 습관을 조사했다. 부자라고 하면 바로 동원할 수 있는 금융자산이 10억은 있어야 한다는 등 사실 여러 기준이 있지만 여기서 말하는 부자들은 연간 16만 달러 이상을 벌고 순자산이 320만 달러가 넘는 사람들이다. 가난한 사람들은 연간 소득이 3만 달러 이하이고 순자산이 5천 달러 미만이다.

  조사 결과 부자들과 가난한 사람들의 일상 습관은 천양지차였다. 부자들은 매일 30분 이상씩 책을 읽는다는 대답이 88%에 달했으나 가난한 사람들은 2%에 불과했다. 책 읽는 것을 좋아한다는 대답도 부자는 86%였으나 가난한 사람들은 26%에 그쳤다. 또 부자들은 매일 해야 할 일을 메모해 둔다는 대답이 86%였다. 반면 가난한 사람들은 9%만이 해야 할 일을 기록했다. 부자들은 TV를 하루에 1시간 미만으로 본다는 대답이 60%가 넘었으나 가난한 사람들은 20% 남짓만이 하루 TV 시청시간이 1시간 미만이었다. 부자들은 또 리얼리티 프로그램을 본다는 대답이 5% 남짓이었으나 가난한 사람들은 75%가 넘었다. 부자들은 출근 3시간 이상 전에 일어난다는 대답이 44%로 절반가량이었으나, 가난한 사람들은 3%에 그쳤다. 일주일에 4번 이상 운동한다는 대답도 부자들이 76%로 가난한 사람들 23%보다 훨씬 많았다.

부자들의 공통된 습관은 일찍 일어나고, 매일 책을 읽고, TV를 멀리한다는 사실이다. 또 할 일을 메모해두고 구체적인 목표를 세운다. 좋은 습관은 키우고 나쁜 습관은 버리려 의식적으로 노력한다. 부자들과 가난한 사람들 사이에 이처럼 뚜렷하게 습관의 차이가 존재한다. 사람의 습관이 운명이 되고 인생의 결과를 만든다. 부자습관이 부자가 될 확률을 높일 수 있다는 점을 받아들여야 한다. 만약 지금 당신이 아침에 늦게 일어나고, 책을 평소 자주 읽지 않고, 메모하는 습관이 없으며, TV를 매일 1시간 이상 보고 있다면 부자가 될 확률은 아주 낮음을 잘 알고 있어야 한다. 그리고 이 중에 한 가지만 해당되는 것이 있더라도 부자가 되기 어렵다는 것을 명심해야 한다. 우린 누구나 부자가 되고 싶어 한다. 그런데 부자가 이미 된 사람들의 공통된 습관이 일찍 일어나고, 매일 책을 읽고, TV를 멀리하고, 할 일을 메모하고, 구체적인 목표를 세운다는 사실이다. 이것이 무슨 뭐가 나올 줄도 모르고 밤낮으로 하염없이 땅을 파라는 것도 아닌데 이 정도면 여러분도 해 볼 만하지 않은가.

나만의 공실대책,
나만의 만실경영 전략

수익형부동산의 대표적인 위험으로 꼽을 수 있는 것이 공실문제다. 공실위험은 대출금리가 상승할 위험보다 훨씬 가능성도 크고, 경기와 상관없이 사소한 문제 하나가 공실로 이어질 수 있기 때문에 잠시도 방심하면 안 된다. 그러므로 수익형부동산의 공실대책은 수익형부동산의 경영관리의 대부분을 차지할 수밖에 없다. 그리고 공실은 수익형부동산 매입 전부터 가지고 있는 투자자의 마인드나 투자철학에 따라서도 크게 좌우된다. 그러나 무슨 문제든 아는 만큼 또 노력하고 고민하는 만큼 보인다. 공실대책은 우선 무엇이 필요한지 잘 아는 것이 매우 중요하다. 수익형부동산 투자의 장단점,

공실률, 공급과다, 수익률분석, 가격분석, 가치분석 등 투자의 많은 부분이 다 공실과 관련이 되어 있으므로 우선 전반적으로 잘 아는 것이 공실대책이다.

공실은 공실률로 나타나는데 공실률도 그냥 공실률 하나로 생각하는 것보다 필자는 기본공실률, 입지공실률, 조건공실률, 영업공실률로 나누어 생각한다. 기본공실률은 실제 계속하여 재계약은 이루어지지만 이사 나가고 들어오는 날짜가 딱 일치하지 않고 조금씩 차이가 있어 어쩔 수 없이 생기는 공실이다. 하나당 1주일만 생겨도 원룸이 10개면 제법 공실이 많기 때문에 기본공실률은 연 3% 내외로 본다. 그리고 상가는 인테리어를 하는 기간이 있어 이사 나가고 들어오는 시차가 더 많이 발생할 수밖에 없기 때문에 기본공실률은 최소 연 5% 정도로 보아야 한다.

두 번째 입지공실률이란 입지의 좋고 나쁨에 따라서 생기는 공실률로 입지가 아주 좋으면 0%에 가까울 것이고 입지가 아주 나쁘면 아주 좋은 입지에 비해 20% 이상 공실률을 적용해야 하는 것도 있다. 그러므로 상가는 물론이고 원룸도 우선 입지가 매우 중요하다.

다음으로 조건공실률은 해당 원룸이나 상가 건물 자체가 가지고 있는 조건에 따라 차이가 날 수 있는 공실률이다. 건물이 오래되었거나 신축이거나 또는 방의 구조, 주차장의 면적, 건물외관 등 변형이 어려운 건물 자체가 갖고 있는 조건에 따라 공실률이 달라질 수 있다. 이 조건공실률은 기본공실률에 포함시켜 생각할 수도 있다. 마지막으로 영업공실률은 임대인의 영업력에 따라 생기는 공실률로써 공실을 줄이기 위해 노력을 최대한으로 하는 사람과 반대로 최소한에 그치거나 거의 방치 수준으로 관리하는 사람과는 공실의 결과가 차이날 수밖에 없다. 그러므로 다른 입지공실률이나 조건공실률이 특별히 문제가 없는데 영업공실률이 높은 물건은 임대인에 따라서 그만큼 공실률을 개선할 여지가 크다는 의미이므로 도전해 볼 가치는 있다고 하겠다.

한국의 임대주택 공실률은 한국토지주택공사[내]의 가장 최근 자료에 따르면 지방권 공실률은 6.9%로 수도권 공실률[3.1%]의 2배를 웃돈다. 광역권 공실률[4.2%]과 비교해도 2.7%p나 높다. 일본의 주택 공실률은 우리보다 훨씬 높은 13%, 임대주택의 공실률은 이미 23%로 어마어마하게 높다. 한국도 당연히 선진국인 일본의 미래를 따라간다고 보아야 한다. 경기가 계속 나빠서가 아니라 이런 정도의 공실률은 선진국형 경제에서는 어쩔 수 없는 경쟁률이다. 이 사실은 무엇을 말하는가 하면 현재 가치와 입지를 포함한 미래 가치의 정확한 분석 없이 그냥 무심코 매도인이 제시하는 가격만 조금 깎는 보통의 거래로 투자를 해서는 수익을 남기기 힘들다는 말이다. 또 제대로 분석해서 잘 샀다고 하더라도 산 것만으로는 공실을 비켜갈 수 없다. 앞으로 우리 미래는 위와 같은 상황이 올 수밖에 없다고 가정하고 지금 여는 열매는 철저하게 따먹되 끊임없이 미래의 공실을 대비하는 사람만이 살아남는 무한경쟁에 돌입했다. 이런 시대에는 '유비무환 정신'의 중요성을 알고 미리미리 대비하는 것이 가장 좋은 공실대책이고 가장 확실한 만실전략이다.

그러면 과연 어떻게 대비하면 공실을 최대한 줄이고 만실을 만들 수 있을까. 수익형부동산 중 특히 원룸 건물의 장점 중 하나가 경쟁상대가 아마추어라는 사실이다. 경쟁상대가 아마추어라는 말은 대부분의 원룸 건물 소유자들이 비지니스 마인드를 가지지 못하고 단지 집주인 이미지에 가까운 소유자들이 많다는 점이다. 대부분이 원래 토지를 갖고 있던 지주가 건축업자의 권유로 원룸을 짓게 되었거나 건축업자가 짓고 임차인을 입주시킨 것을 사게 된 아저씨 아줌마들이다. 부동산의 경영관리, 임대경영 마인드라는 단어도 모르고 공실이 되면 되는 대로 원인이 무엇인지 알려고도 하지 않고 단지 공급과잉과 경기타령만 하는 사람들이 대부분이다. 이런 소극적인 집주인 마인드로 부동산의 공실을 막고 만실경영을 바란다는 것은 단지 막연한 희망사항일 뿐이다. 필자는 부동산투자에서 막연하게 기대하는 것을 가장 나쁜 것으로 생각한다. 만실경영을 하고 싶은 사람들은 막연히 만실을 바라기만 할 것이 아니라 유비무환으로 대비하는 마음자세가 완전히 남달라야 한다.

만실경영을 위해서는 우선 부동산의 매입 전부터 조금 남다른 접근이 필요하다. 부동산 매입 전부터 이미 수익형부동산에 대해 반쯤 전문가가 되어 있어야 한다. 정확한 목표와 계획을 세우고 부동산투자 책을 통해서든 투자 강의를 통해서든 임대사업자 혹은 전문가가 되기위해 많은 노력을 해야 한다. 원룸의 경우 본인이 알지 못하면 매매를 할 때 거의 다 소개하는 부동산 사무실이나 매매 당사자를 믿고 거래하는 경우가 많다. 장사를 시작할 때도 그냥 별 생각 없이 업종을 선택하고 업종이 선택되면 해당 체인점 본사에서 추천하는 입지면 다 괜찮은 곳이라고 생각하고 시작한다. 그러나 이런 시작은 실패할 확률이 매우 높다. 가능한 거래당사자가 소개하거나 추천하는 것은 우선 의심을 해야 하는데 본인에게 아무 지식이 없어 의지하거나 믿을 수밖에 없다. 이것은 자신의 중요한 투자나 사업의 운명을 그냥 운에 맡기고 시작하는 것이나 다름없다. 다행히 좋은 전문가를 만나면 그나마 조금 낫겠지만 그 반대의 경우에는 결국 잘못 출발한 시작을 견디지 못하고 실패하고 만다. 우선 시작 전부터 스스로 부동산투자 전반은 아니더라도 수익형부동산에 대한 전문가가 되어 있어야 한다. 그래야 좋은 전문가를 만나든 나쁜 전문가를 만나든 위험을 피해갈 수 있다. 국수장사를 할 것이면 시작하기 전에 반쯤 국수에 대한 전문가가 되어 있어야 한다는 말이다. 그러려면 국수전문가가 되기 위해 어느 정도의 시간과 노력을 투입해야 함은 너무도 당연한 일이다.

그렇게 시간과 노력을 기울여 배우고 나면 앞으로 필자가 하는 말도 쉽게 알아듣게 된다. 부동산의 매입 단계는 신축하거나 기존 중고 원룸을 사는 것인데 둘 중 어느 것이든 우선 입지 선택부터 앞으로 공실이 생기지 않을 만한 곳을 선택해야 한다. 지금은 임대수요가 많지만 미래에도 계속 임대수요가 있을지도 잘 생각해 보아야 한다. 그러면 미래의 임대수요는 어떻게 판단하는가? 미래 임대수요가 안정적으로 유지되기 위해서는 최소 2가지 이상의 수요층이 있어야 한다. 시내와 동떨어져 있거나, 외진 곳이거나 공장이 있어 공장에 다니는 회사원 수요만 보고 짓는 원룸은 공장이 잘못되면 다른 수요층이 없기 때문에 하루아침에 집 전체가 공실이 되어 입주자를 찾기 어렵다. 공장 하나만 보고 지어진 원룸이기 때문에 공장이 폐쇄되거나 이전을 하면 수요가 있을 리가 없기 때문이다. 그러므로 이런 단 한 가지 수요를 보고 지은 원룸은 지금 좋아 보이더라도 매입 단계부터 충분히 그런 상황을 염두에 두어야 하고 가능한 후보군에서 제외시키는 것이 좋다. 외진 곳에 있는 대학교 하나만 보고 지은 원룸이나 상가도 마찬가지다. 수요층이 여러 개 있는 것이 더없이 좋겠지만 최소한 하나가 안 되면 다른 하나 정도는 더 있어야 한다.

상가로 말하면 죽어가는 상권에 들어가는 것이 아니라 배후지가 깊고 주변 여러 곳에 입주 대기물량이 있거나 또 도로가 연결되어 접근성이 좋아져서 한참 성숙해 가는 상권을 매입 단계에서 선택하는 것과 같다. 최소한 두 가지 이상 수요를 만족하는 '하이브리드 입지'를 선택해야 한다는 이것이 바로 수익형부동산의 미래수요를 생각하는 방법이다. 입지가 그런 미래수요가 많은 곳으로 결정이 됐으면 이제는 건물 자체의 단계로 들어간다. 기존에 지어진 건물을 살 때에는 특히 신경을 써야 할 것이 많다. 기존에 지어진 건물을 사는 이유는 보통 내가 직접 짓고 임차인을 구하는 것을 어려워하고 리스크로 생각하기 때문인 경우가 많다. 그러나 힘들고 어려운 것은 수익률이 좋고, 편하고 쉬운 것은 수익률이 그만큼 낮다는 것을 분명 알아야 한다. 수익형부동산의 가격은 일반적으로 보증금과 월세수익으로 환산하는 수익환원법으로 결정되는 경우가 많은데 대세상승기에는 원가법으로 계산하는 것보다 수익환원법으로 계산하는 가격이 대체적으로 2~3억 더 높다. 그러므로 기본적으로 가격의 원인이 되는 보증금과 월세가 현재 시세에 맞는지 확인하는 작업은 매우 중요하다. 월세 수준에 특별히 문제가 없더라도 가령 매매가격이 10억 내외 원룸이나 상가의 경우 실제 원가는 대부분 8억 이하인 경우가 많다. 건축업자의 이익분이 2억 이상 포함된 것이다. 사실 이 2억은 임대인이 직접 토지를 사고 건축 시공계약을 해서 건물을 지으면 거의 4분의 3 이상 세이브할 수 있다.

그러나 보통사람들은 처음서부터 끝까지 직접 챙겨서 하는 리스크를 일단 두려워한다. 또 건축을 한다는 것은 매우 어려운 일이라고 알려져 있고 실제로 해 본 사람들은 다시는 건축할 것이 못 된다는 투의 말들을 많이 한다. 그런데 생각해 보라. 2천 벌기도 쉽지 않은데 2억을 버는 데 그 정도 힘이 드는 것은 당연하지 않은가. 그리고 직접 건축을 하는 것이 어렵다고 사람들에게 소문이 나 있으면 누가 제일 유리하고 누가 제일 이득을 볼까? 바로 건축업자들이 이 소문의 가장 큰 수혜자다. 건축, 어렵지 않다. 나 같은 기계치도 어려워하지 않는다. 아니 어려워도 돈을 벌려면 하는 것이 당연하다고 생각한다. 오히려 어려운 것은 건축 시공계약이다. 건축 시공계약만 잘해 놓으면 건축은 건축 시공업자가 계약대로 짓는다. 시공계약은 그 내용이 많고 설계도와 같이 검토해야 할 것이 많으므로 그냥 만난 자리에서 절대 사인을 하는 우를 범하면 안 된다. 최소 2군데 이상의 견적을 받고 최소 1주일 전에 계약서를 받아 내용을 면밀하게 검토하고 주변의 전문가와도 상담을 해서 보충하고 협의하는 과정을 반복한 후에 결정해야 한다. 또 계약서는 이미 적혀 있는 내용을 검토하는 것도 중요하지만 계약서에 없는 내용이 무엇인지 살펴보는 것이 더 중요하다. 미래에 일어날 불편한 일들을 하나하나 상정하여 계약서 특약에 넣어야 한다. 계약서라는 것은 잘 될 경우를 대비하는 것이 아니라 잘못될 경우를 대비하여 쓰는 것이므로 계약서는 계약서 매수가 많을수록 좋다.

기존 건축도 마찬가지이고 신축을 할 경우에도 경비를 최대한 절약하기 위해서는 실제 건축을 시작하기 전에 정성을 쏟아야 한다. 전체적인 방의 구성, 적당한 면적으로 구획하고, 트렌드에 맞는 외장재, 유행을 타지 않는 구조, 출입구의 위치, 주차대수, 공유공간의 활용 등 설계도 건축사사무실의 결정에만 맡겨놓지 말고 가능하면 본인이 설계를 고민하고 참여해야 한다. 상가라면 건물의 전면길이는 최대한 넓히고, 1층의 바닥면적은 최대한 노면에 가깝게 낮추어 고객이 쉽게 가게로 들어올 수 있도록 해야 한다. 이런 건물 자체에 관한 것들은 모든 것이 설계 단계에서 다 결정된다. 실제로 건물을 지을 때는 그저 튼튼하게 설계대로 지어지고 있는지 확인하는 작업일 뿐이다. 건축 후 경영관리를 할 때에도 건물은 내부 외부 늘 청결함을 유지하고 조그만 액자 하나 화분 하나라도 방문하는 고객에게 좋은 이미지를 연출할 수 있도록 작은 배려가 돋보여야 한다. 또 본인의 서비스 정신과 영업력을 발휘하여 부동산 사무실과의 관계를 좋게 하고, 임대광고 홍보 문구에도 늘 우리가 보는 판에 박힌 문구가 아니라 인간미 넘치는 손글씨 등을 활용하는 것이 좋다. 그리고 새로운 임차인을 찾는데 시간과 비용을 허비하는 것보다 기존 임차인과 좋은 관계를 유지하여 재계약률을 높이는 것이 임대인에겐 훨씬 경제적이다. 그러므로 재계약하는 경우 생활에 필요한 선물 등 특혜를 주는 것도 고려할 만하다. 또 재계약률을 높이기 위해서는 관리상 평소 때부터 임차인의 민원이나 하자 등 요구사항이 발생하면 발 빠르게 적극적으로 대응해 주어야 한다.

상가는 점포개발을 하고 임대차 유치를 할 때는 가능하면 인테리어 비용이 많이 들어가는 업종이나 브랜드 가치가 높은 점포를 선택하는 것이 좋다. 주변 비슷한 입지에 공실이 많으면 너무 고르지 말고 우선 임차인을 유치하는 것을 목표로 하고 주변에 공실이 없다면 조금 시간이 걸리더라도 좋은 점포를 임대인이 적극적으로 찾아 유치할 필요가 있다. 건물관리에 문제가 발생하면 임대인은 늘 발 빠르게 대응하는 모습을 보여야 하고, 계약 종료 6개월 전에 재계약의사를 통보받을 수 있도록 하여 미리미리 공실에 대비해야 한다. 점포를 유치한 후에는 임차인의 장사가 잘 되도록 임대인은 적극적으로 도와주어야 한다. 왜냐하면 임차인이 장사가 잘 되어 재계약률을 높이는 것이 임대인의 만실전략에 가장 좋기 때문이다. 그러므로 임대인이 인맥을 동원하든가 어차피 바깥에서 소비를 하는 거라면 크게 도움은 되지 않더라도 기왕이면 하는 마음으로 임차인의 장사를 적극적으로 도와주면 그 마음이 통하여 임차인과의 관계도 자연스럽게 좋아진다. 임차인과의 관계가 좋아지면 재계약을 할 확률은 임차인과의 관계가 좋지 않은 것보다 훨씬 높을 수밖에 없고 건물관리에 불편한 일이 발생하더라도 특별히 문제없이 해결이 쉬워지므로 건물의 임대차관리에도 도움도 되므로 임차인과의 관계를 좋게 하는 것은 임대 경영관리에 있어 만병통치약 같은 만실전략이 되기도 한다.

이외에도 공실을 피하고 만실을 만들기 위한 방법들은 고민해 보면 주변에 한없이 널려 있다. 수강생들에게 공실제로를 위한 나만의 필살기 10가지를 생각해 오라고 하면 처음엔 한 가지도 모르는데 어떻게 10가지를 생각하느냐고 말을 하지만 실제로 몇 날 며칠을 집중하고 고민해 보면 많은 방법들을 결국 생각해낸다. 궁하면 통하는 것이다. 예를 들면 계약 단계까지 갔으면 월세 절충할 때 임대인이 양보를 잘하는 것도 중요하다. 조금 욕심 부리다가 몇 개월을 공실로 만드는 것보다 훨씬 낫고, 부동산 사무실에서도 양보를 잘 하지 않는 이런 임대인은 좋아하지 않는다. 소소한 선물로 임차인의 생일 등 기념일을 챙겨주는 것도 좋은 방법이며 공기청정기, 커피메이커 등 다른 곳에 없는 옵션을 제공하는 것도 좋은 방법이다. 옥상에 텃밭을 만들어 신선한 채소를 먹을 수 있게 제공하는 것도 생각해볼 수 있다. 그리고 원룸을 짓거나 사면 임대인 스스로 그 원룸에서 1주일 정도를 직접 생활해 보는 것도 아주 적극적이면서 좋은 방법이다. 직접 임차인의 입장이 되어 생활을 해 보고 느끼면 많은 장단점이 떠오를 수가 있다. 장점은 살리고 단점을 보완하는 방법을 연구해서 적용해 가는 것도 나쁘지 않다.

그리고 임대관리를 할 때 월세가 안 들어올 때를 대비해서 어느 시점별로 대응 매뉴얼을 만들어 놓고 대응하는 것이 좋다. 전화 응대나 문자 응대도 대충 생각나는 대로 감정적으로 대하는 것이 아니라 말 하나 문자 하나하나가 임대관리의 포인트로 결정되어 있어야 한다.

앞에서도 말한 바 있지만 투자하는 자신을 개인으로 생각하지 말고 늘 투자회사처럼 생각하고 의사결정을 해야 한다. 이처럼 공실을 없애는 방법이 되었건 만실경영을 하는 방법이 되었건 우리가 원하는 것을 이루는 그 방법은 사실 무수히 많고 늘 우리 주변에 늘려 있다. 인생에서 큰 기회는 세 번 온다고 했는데 그렇지 않다. 기회는 수백 수천 번 스스로 만들 수 있다. 수많은 작은 기회들을 놓치지 않고 잡아내는 사람들이 큰 기회도 얻는다. 그러므로 만실경영 방법도 결국 누가 그 방법을 많이 고민하고 디테일하고 치밀하게 찾는가 하는 것이 제일 관건이다.

가격과 가치-가격은 누구나 알려주지만 가치는 아무도 알려주지 않는다

1)가격흥정에 목숨 걸지 말고 가치분석에 집중하라

부동산 사무실을 한 20년 해 보면 흥정이 만족스럽게 되지 않아 계약이 안 되는 경우를 수없이 본다. 공동중개가 많은 요즘처럼 여러 부동산 사무실이 공동으로 끼이게 되면 가격 때문에 많은 오해도 발생한다. 투자를 할 때 가격이 비싸서 안 사는 것은 얼핏 보면 당연해 보이지만 이게 대부분 실제 가치와는 상관없이 감정싸움이라는 것이 문제이고 나무만 보고 숲을 보지 못하는 것이 문제이다. 투자를 결정할 때 감정을 개입시키지 않는 것은 매우 중요한 원칙의 하나이다. 전문적인 투자는 감정을 절대 개입시키지 않는 것이 첫 번째이다. 감정을 개입시키지 않기 위해서는 막연하게 접근하는 것을 삼가해야 한다. 가격흥정을 막연하게 무조건 조금이라도 깎자고 생각하기 쉽다. 우리가 시장에서 물건을 깎는 심리와 똑같이 생각하는 것이다. 안 깎고 그냥 사는 것은 혹은 적게 깎으면 왠지 속거나 손해 보는 느낌을 가지게 된다. 이런 느낌으로 흥정을 시작하면 흥정 그 자체가 목적이 되어 버려 깎아주지 않으면 감정을 상하는 경우도 생길 수 있다.

흥정을 할 때는 우선 흥정하기 전에 가격이 아닌 가치를 정확히 평가해야 한다. 현재 가치에 비해 지금의 가격수준이 어느 정도인지를 판단하는 것이 중요하다. 가치에 비해 고평가된 가격인지 저평가된 가격인지부터 알아야 한다. 저평가되었다면 당연히 흥정에 목숨 걸 필요가 없는 것이고 만약에 고평가되었다고 생각하면 또 내가 생각하는 미래 가치와 비교해서 그럼에도 불구하고 투자할 필요가 있는 것인지 판단을 해 보아야 한다. 그러므로 우선 가격 자체보다 가치에 중점을 두어야 한다.

지금 현재 1억1천만 원에 매물로 나온 물건이 현재 가치로 따져보면 1억 원 정도가 적당하지만 그래도 이 물건은 5년 뒤에 3억 원 이상 받을 수 있는 충분한 가치가 있거나 가치를 스스로 만들 수 있다고 계산하면 현실적인 가치 기준으로 1억1천만 원에서 1천만 원을 깎기 위해 나름 전략을 세워 최선은 다하겠지만 상대가 있는 흥정은 나의 의지만으로 되는 일이 아니다. 그러므로 설령 깎지 못하더라도 계약은 할 것인지 말 것인지 이미 결정이 되어 있어야 한다. 흥정을 하기 전에 마음속에 흥정의 기준이나 원칙을 정확히 정하고 흥정에 임해야 한다는 뜻이다. 투자를 결정할 때 투자목표와 투자기간과 출구전략을 정확히 설정하면 매매가격 흥정이라는 것은 조금 가볍게 느껴질 수 있는데 사람들은 그런 전략은 없이 단지 살 것이냐 말 것이냐를 현재 가격에만 초점을 맞추기 때문에 최대한 싸게 사기 위해 흥정에 목숨을 걸게 된다. 사고파는 목적이나 목표는 온데간데없고 가격을 깎는 흥정에만 너무 빠져 있다.

물론 투자에서 매수하는 가격이 중요하지 않다는 것이 아니다. 중요하다. 중요하지만 단지 제시되는 현재 가격보다는 투자가치가 어느 정도인가에 방점을 두어야 한다는 말이다. 9억 원에 매물로 나왔으면 제시한 9억 원에서 무조건 흥정을 해서 깎아야 한다는 발상이 아니라 10억 원의 가치가 있는데 9억 원에 나왔다면 흥정 자체에 목숨을 걸 필요가 없이 계약을 성립시키는 데 방점을 두어야 한다. 사실 대부분의 좋은 물건이란 가격이 가치에 비해 저평가된 경우가 많고, 대부분의 나쁜 물건이란 가치에 비해 이미 가격이 너무 고평가되어 아무리 흥정을 잘 해도 터무니없는 가격인 경우가 허다하다. 그러므로 너무 가격흥정에 신경을 쓰면 이런 터무니없는 물건에 결국 손을 대는 경우가 많다. '약삭빠른 고양이 밤눈 어둡다'는 우리 속담이 있지 않은가. 물론 시장에 따라 또는 상대에 따라 가격에 따라 필요할 때는 배수진을 치고 흥정에 임하면 효과도 훨씬 좋아 가격을 파격적으로 싸게 사는 경우도 있다. 그러나 그것은 특수한 케이스이고 남의 물건을 너무 싸게 먹으려고 하는 것도 투자에 임하는 좋은 자세가 아니다. 진정한 투자 타이밍에서도 말했지만 아마추어는 너무 외부상황에 신경 쓰고 너무 현재 가격에 신경 쓴다.

필자가 투자는 싸게 사서 비싸게 파는 것이 아니라 비싸게 사서 싸게 파는 것이라고 말하는 것도 결국 흥정에 너무 목숨을 걸지 말라는 뜻이다. 바닥에 사서 꼭지에서 파는 것이 아니라 무릎에 사서 어깨에 파는 것이라는 투자격언과 같은 말이다. 바닥과 꼭지는 어차피 알 수 없는 것이므로 바닥 꼭지에서 사고팔려고 너무 욕심 부리면 좋은 기회를 다 놓쳐 결국 더 손해를 본다는 의미이다. 바닥이 아니라 무릎에서 사고, 꼭지가 아니라 어깨에서 파는 것은 살 때는 조금 비싸게 사고 반대로 팔 때는 조금 싸게 가볍게 발 빠르게 대처하라는 뜻이다. 1,000만 원의 갭이든 5,000만 원의 갭이든 단지 사는 가격에만 집중하면 그 1,000만 원이 커 보인다. 그런데 자기가 판단하는 현재 가치나 미래 가치 또는 목표와 출구전략에 집중하면 1,000만 원은 물론 5,000만 원도 그 갭은 작게 보인다. 흥정은 전략을 세워 최선을 다하되 흥정은 흥정일 뿐이다. 흥정에 목숨을 걸지 말자. 가격에 집중하지 말고 가치에 집중하라.

가격흥정 잘 하는 법

가격흥정에 목숨을 걸지 말라고 해서 흥정할 필요가 없다는 말은 아니다. 흥정은 적극적으로 하되 감정을 개입시키지 않고 게임처럼 해야 한다. 가격흥정하는 요령은 우선 입이 부지런해야 한다. 흥정에서는 나는 깎지 않는 성격이니 받을 금액만 딱 이야기하라든지 하는 자기 스타일을 내세울 필요도 없다. 반대로 깎아달라고 말도 하지 않는데 알아서 척척 깎아주는 사람도 없다. 조금 깎아주려고 마음먹고 나와도 상대가 깎아달라고 말하지 않으면 깎아주고 싶어도 못 깎아주게 된다. 그러니 흥정은 스타일을 떠나 요구해야 하고 입이 부지런해야 한다. 그러나 감정을 싣지 말고 전략적으로 하라. 또 매도자의 경우 전화로 하는 흥정은 받아주지 않는 것이 좋다. 흥정을 받아주더라도 계약을 담보할 수가 없기 때문이다. 흥정은 받아주면 바로 계약이 되는 상황에서 받아주어야 한다. 그러므로 반대로 매수자의 경우는 전화로 흥정을 적극적으로 시도하는 것이 좋다. 흥정가격을 제시할 때에는 미리 마지노선을 정하고 가격은 먼저 그것도 파격적으로 제시하는 것이 좋다. 이 모든 것은 흥정 자체에 목적이 있는 것이 아니라 계약 성사에 목적이 있으니 흥정에 목숨은 걸지 마라.

2)경매 감정가격에 속지 마라. 감정가는 가치가 아니다

경매의 감정평가가격은 단지 참고용이다. 더 심하게 말하면 무시해도 된다. 애써 감정평가사가 평가한 가격을 무시하라니 이상하겠지만 이 말은 중요한 사실이다. 경매에서 감정평가가격이 그 물건의 가치를 정확하게 반영하는 가격이라고 생각하면 큰 오산이다. 경매에서 최초입찰가는 감정평가사가 평가하는 가격으로 시작한다. 그런데 감정평가사가 평가하여 결정하는 이 최초입찰가는 법원에서 단지 어떤 가격으로 경매를 출발시킬 것인가 하는 데 기준으로 삼기 위한 가격일 뿐이다. 그러므로 경매에서 최초입찰가는 이 물건의 가치가 이렇습니다, 라는 의미보다 이 물건은 우선 이 가격으로 경매를 시작하겠습니다, 라는 가벼운 의미로 최초입찰가를 받아들여야 한다. 그러지 않고 최초입찰가를 그 물건의 정확한 가치를 반영하는 시세라고 생각하면 입찰가를 정할 때 큰 계산 착오에 빠지게 되어 오히려 실제 가치보다 더 비싸게 사게 된다.

예를 들면 경매에 어떤 물건이 감정가 5억 원으로 평가되어 5억 원이 최초입찰가로 잡혀 경매가 진행됐는데 3회 유찰이 되어 결국 51%인 2억5500만 원으로 떨어지더니 결국 4차 경매에서 감정가의 60%인 3억 원에 낙찰이 되었다. 그럼 이 물건의 실제 가치는 정말 5억 원인데 경매이기 때문에 여러 리스크가 많아서 3억 원에 낙찰이 된 것일까. 물론 그럴 수도 있지만 대부분의 경우는 그렇지 않다. 건물이 경매가 될 경우에는 명도의 어려움이 있다고 하지만 토지의 경우는 경매라고 해서 특별히 명도가 어려울 것이 없다. 권리분석만 문제없으면 일반 매매와 같은 것이다. 그런데 5억 원짜리 물건이 낙찰은 감정가의 50% 인 2억5천만 원 이하로 낙찰되는 것도 부지기수로 많다. 이런 것은 경 매리스크 때문에 그렇게 떨어진 것이 아니다. 이 물건의 실제 가치가 2억5천만 원이라면 감정가인 최초입찰가의 6~70% 선인 3억 원이나 3억5천만 원 정도로 싸게 낙찰을 받았다 해도 결국은 실제 가치보다 훨씬 비싸게 샀다는 말이다.

또 토지 입찰의 경우 최초입찰가의 몇 백%로 신건일 때 바로 낙찰되는 경우도 허다하다. 이 경우 단독입찰이라면 개인의 특수사정이 있을 수 있지만 많은 사람이 입찰을 했다면 분명 최초입찰가가 실제 가치와 너무 큰 차이가 있었다는 것을 증명하는 셈이다. 이것은 감정평가사의 평가가격이 경매물건의 실제 가치를 제대로 반영 못거나 안 하는 평가시스템을 갖고 있다고 밖에 볼 수가 없다. 원래 경매감정가는 평가사들이 약간 시세보다 높게 평가하는 경향이 있고, 또 평가시점이 대략 경매가 개시되는 날보다 6개월에서 1년 정도 빠르기 때문이라는 두 가지 중요한 이유를 생각하더라도 가치와 가격 차이가 너무 크게 나는 경우는 적지 않다.

가격과 가치는 근본적으로 다르다. 가격은 늘 여러분 앞에 제시되는 것이고, 가치는 여러분의 생각이나 상상으로 결정되는 부분이다. 그런데 부동산은 가치를 보고 투자해야 하는 것이지 가격을 보고 하는 것이 아니다. 경매에서 최초입찰가로 결정되는 감정평가가격, 부동산 사무실에서 제시하는 가격, 매도인이 부르는 호가 같은 것은 전부 여러분 앞에 단지 제시되는 가격이다. 부동산 사무실에서 제시하는 가격이나 매도인이 직접 제시하는 가격은 흥정을 하여 깎는다. 대부분 비싸서 이거나 그렇지 않으면 싸고 비싸고를 떠나 일단 깎는 것이 좋다고 생각하기 때문이다. 그런데 만약 비싸다고 생각해서 깎는 것이라면 비싼 것은 어떻게 알 수 있는가? 정말 비싸다고 느낀다는 것은 부동산의 현재 가격은 늘 비싸다고 생각해서 그럴 수도 있지만 가치보다 가격이 높게 책정되었다고 생각했기 때문이다. 이 말은 결국 자기 나름대로 가치를 파악했다는 말이다.

반복하여 말하지만 가격은 단지 여러분 앞에 제시되는 가격이다. 늘 그렇다. 그런데 그 가격이 싼지 비싼지 적당한지 판단하는 것은 바로 여러분이 그 물건의 가치를 알아야 한다. 가치보다 제시된 가격이 싼 가격이어야 싼 것이고, 가치보다 제시된 가격이 비싼 가격이어야 비싼 것이다. 그러므로 가격은 제시된 가격 하나지만 가치는 사람에 따라 다 다르다. 왜냐하면 사람에 따라 가치를 다르게 보기 때문이다. 부동산투자에 대해서 많이 아는 사람과 전혀 모르는 사람은 보는 가치도 천차만별이고, 공격적으로 투자하는 사람과 보수적으로 투자하는 사람의 성향에 따라서도 가치는 완전히 다르게 인식된다.

그러므로 가격이 제시되면 나만의 가치를 만들어야 한다. 해당 부동산이 현재와 미래에 어떻게 수익을 올리고 어떻게 활용을 하면 어느 정도 수익이 늘어나고 줄어들 것인지 생각하고 고민하는 방향에 따라 그 가치는 다르게 다가올 수밖에 없다. 그 부동산의 용도가 더 많을수록 그 가치는 다양하게 매겨질 수 있다. 중요한 것은 가격보다 가치를 어떻게 파악하는가가 관건이다. 경매 감정평가가격이 이런저런 원인과 조건으로 복잡하게 만들어졌다가 중요한 것이 아니라 내가 그 물건이 어떤 가치가 있다고 인식하느냐가 중요한 사실이다.

그러므로 경매에서 최초입찰가인 감정평가가격은 그 물건의 가격일 뿐이지 진정한 가치가 아니다. 아파트 감정가격은 파악이 쉬워서 가격과 가치가 크게 차이 나지 않지만 토지나 토지, 건물을 같이 파악하고 수익까지 생각해야 하는 수익형부동산은 감정가격이 실제 가치와 차이가 많이 나는 경우가 적지 않다. 경매에서 수익형부동산의 감정가격은 엄격하게 말하면 수익을 전혀 감안하지 않고 구식 재조달원가법을 이용한 가격 평가법을 사용하고 있기 때문에 가격이 가치와 같은 것은 거의 우연한 일치에 불과하다. 그리고 토지는 가격에 영향을 미치는 요인이 워낙 다양하고 복잡해서 경매에서 감정평가사가 평가한 최초 입찰가격은 실제 가치와는 다를 수밖에 없는 한계를 지니고 있다.

그러므로 경매에서 제시되는 감정평가가격은 따지고 보면 가치와 같은 것이 거의 하나도 없다고 보아도 된다. 비슷하기도 하지만 조금이라도 다르다. 평가되어 제시된 가격은 10억이지만 내가 보는 가치는 7억일 수도 있고 13억일 수도 있다. 내가 보는 가치가 7억일 때는 최소 2회 유찰을 기다린 다음 입찰을 해야 하는 것이고, 13억일 때는 유찰되기 전에 첫 경매에서 입찰에 들어가야 한다. 이것은 자기만의 가치를 정확히 파악했을 때의 이야기이다. 그러므로 성공투자의 관건은 가격에 휘둘리는 것이 아니라 가치를 제대로 파악하는 것에 따라 달라질 수 있다는 의미이다. 경매에서 감정평가사가 평가하는 가격은 정확한 가치와 상관없이 우선 이 가격으로 경매를 시작합니다, 라는 일종의 출발신호에 불과하다.

3) 이 책의 가격은 18,000원, 가치는 최소 3억 원!

필자는 강의에서나 대화에서 가격과 가치라는 테마를 즐겨 사용한다. 이 책에도 곳곳에 가격과 가치를 테마로 이야기를 풀어가는 내용이 있었다. 내가 가격과 가치라는 이 주제를 잘 도입하는 이유는 기본적으로 투자를 하는 사람은 가격과 가치에 대한 지혜를 가지고 있어야 된다고 생각하기 때문이다. 가격은 늘 여러분 앞에 제시되는 것이다. 부동산 가격이든 옷의 가격이든 가격이란 것은 늘 여러분 앞에 제시되지만 가치는 아무도 알려주지 않는다. 가치는 여러분이 직접 알아내야 한다. 여러분은 여러분 앞에 제시된 그 가격과 여러분이 생각하는 가치와 비교를 잘해야 한다. 예를 들면 5억 원짜리 아파트가 있는데 그 아파트를 단지 내가 가진 현금으로 내가 평생 살기 위한 집으로만 사용할 수 있는 A라는 사람이 있다고 치자. 그리고 자기가 살거나 필요하면 월세, 전세, 기숙사, 공유민박 숙소, 외국인 렌탈 등 여러 용도로 사용할 수 있고 경우에 따라서는 상가로 용도를 바꾸어 사용하거나 대출도 3% 금리로 은행에서 3억5천만 원을 대출도 받을 수 있는 B라는 사람이 있다고 치자. 게다가 B는 몇 년 뒤에 양도차익을 남기고 처분할 수도 있다고 하자. 그러면 A, B 두 사람에게 이 5억 원짜리 아파트는 똑같은 가치로 다가올까. 가치를 얼마로 느낄지는 모르지만 아마 두 사람이 생각하는 가치는 분명 다르다. 그리고 비싼 진품 명품 옷을 입고 다녀도 이상하게 가짜로 보이는 사람과 값싼 가짜 명품을 입고 다녀도 진짜로 보이는 사람과는 그 옷의 가격과 가치는 분명 큰 차이가 있다. 그러므로 우리에게 중요한 것은 가격보다는 늘 가치다. 우리 삶도 이 가격과 가치처럼 우리 앞에 보이는 현상과 본질이 늘 다르다. 그런데 현상만 보고 본질을 보지 못하면 우리는 결국 삶을 왜곡되게 받아들일 수밖에 없듯이 가격과 가치를 구분하여 받아들이지 않으면 제대로 된 투자를 할 수 없다. 본질을 꿰뚫지는 못하더라도 현상만 보고 판단하는 것이 아니라 본질을 보려고 노력은 해야 되며 가치를 정확히 파악하지는 못하더라도 가격만으로 판단하지 말고 가치를 파악하는 노력을 해야 한다.

필자는 '책 100권을 사서 단 한 줄만 건져도 본전'이라는 말을 자주 비유적으로 쓴다. 이 말은 책값은 그 가치에 비하면 너무 싸니까 책을 많이 사서 읽으라는 생각에서 하는 말이다. 책 100권의 가격이 150만 원 정도이니 100권을 사서 그중에서 정말 자기에게 도움이 되는 글 딱 한 줄만 건져 생활에 활용해도 150만 원 가치는 충분히 되고도 남는다는 의미다. 나도 책을 쓰지만 책은 보통 책을 쓰는 사람의 삶을 전부 집대성한 것이다. 내 나이 56세면 56년간 살아온 모든 경험에서 얻은 노하우가 거의 전부 실린다. 한 사람의 삶이 전부 집대성된 것이라면 그 책이 나오기까지 최소 몇 천만 원, 경우에 따라서 몇십 억의 돈이 들지 않았을까. 필자의 경우에도 최소 수억 원의 비용이 들었을 것 같다. 물론 직접적으로 책을 펴내기 위한 비용이 아니지만 말이다. 필자의 책은 내가 쏟은 수고비로 1억 원은 좀 적은 듯하고 그렇다고 10억 원은 좀 많은 듯하니 그래도 3억 원 정도는 되지 않을까. 3억 원이라고 하니 그래도 너무 과하지도 너무 적지도 않은 느낌이다. 그러면 이 정도 가치의 책이 단지 한 개의 원고로 한꺼번에 수천수만 권의 책으로 인쇄되어 나오기 때문에 가격이 18,000원으로 줄어들었다. 그러나 이 것은 단지 책의 가격이다. 수많은 책으로 인쇄되어 나왔다고 책 한 권 의 가격이 18,000원인 것은 인쇄업자나 출판사의 논리이지 저자가 이 책에 쏟은 수고가 절대로 줄어든 것이 아니다. 그러므로 이 책의 가치 는 하나도 손상받은 것 없이 그대로 3억 원이다. 그런데 우린 18,000원 으로 3억 원의 가치를 얻을 수 있는 데도 이 책을 사보지 않는다. 사람 들은 늘 가격만 보고 가치를 보지 못하기 때문이다. 누구나 이 책의 가 치를 3억 원이라고 느끼면 사보지 않을 사람이 거의 없다. 필자는 다 른 사람의 책도 그런 가치로 본다. 그래서 내 생각에는 책값이 이 세상 에서 제일 싸다. 책에 투자하는 것이 가장 수익률이 높다. 3억 원짜리 를 18,000원에 산다는 것은 무려 1만6천7백 배의 수익이다.

우리 주변에는 부동산투자나 주식투자보다 훨씬 수익률이 높은 투 자가 많다. 어떤 투자보다 수익률이 높은 것은 자기 자신에게 투자하 는 것이며 자기 자신에게 투자하는 것 중에 가장 좋은 것은 많은 사회 적 경험을 하는 것이다. 그런 의미에서도 책은 다른 사람의 값진 경험 을 단돈 15,000원, 18,000원에 살 수 있는 것이므로 책은 자기 자신에 게 투자하기 가장 싸지만 수익은 가장 크다. 물론 책 이외에도 강의를 듣는 것이라든지 제시된 가격에 비하면 가치가 엄청 높은 것은 찾아보 면 많이 있다. 여행도 아마 그럴 것이다. 가끔 수강생 중에도 "부자가 되는데 왜 읽기 싫은 책을 자꾸 읽으라고 하는지 부자가 되려면 꼭 책을 읽어야 합니까?" 하고 묻는 사람이 있다. 그렇다. 돈을 버는 것과 책이 무슨 상관이 있을까 싶겠지만 매우 상관관계가 높다. 부자가 되는 것이란 사업을 하든 성공투자를 하든 사업기술이나 투자기술일 것 같지만 절대 그렇지 않다. 제2장에서도 밝혔듯이 투자기술보다 투자철학이 훨씬 더 중요하다. 부자가 되는 것도 결국 사람을 알아야 하고 돈을 알아야 하고 경제를 알아야 한다. 또 철학이, 즉 마음의 중심이 잘 잡혀 있어야 사람과의 관계를 잘 할 수 있고 작은 것으로도 바로 또 오래 행복하게 살 수 있다. 이런 것들은 대부분 다양한 사람들이 평생을 통해 얻은 지식과 지혜를 나누어주는 책에서 얻을 수 있다. 그러므로 책을 많이 읽으면 그냥 부자가 아니라 돈도 부자 마음도 부자가 되어 사회적으로도 매우 바람직한 역할을 할 수 있다.

필자는 책을 선물하는 것을 매우 좋아한다. 그래서 책 선물을 자주 하는 편인데 책 선물은 사람들에게 다른 선물에 비하여 그다지 환영받지 못한다. 부동산투자 아무리 잘해야 수익률 연 10% 넘기기 쉽지 않은데 책은 기본이 수익률 1,000% 이상이지만 사람들은 그런 책을 받아도 기뻐하지 않는다. 이 수익률에 대한 필자의 말을 믿기 어려우면 책 1,000권만 꼭 읽어보기 바란다. 책 1,000권 읽고도 이런 가치를 느껴지지 않는다면 필자가 그 책을 전부 사겠다. 아마 100권만 읽어도 확 느낌이 바뀌는 사람들도 있을 것이다. 그러므로 책 선물을 많이 주고받자. 이 책도 가격은 18,000원이지만 가치는 최소 3억 원이다. 그러니 이보다 가치 있는 선물이 사실 없다. 속는 셈치고 한 번 믿어보기 바란다. 아마 읽고 너무 아까워서 다른 사람들에게 쉽게 선물하고 싶은 생각이 안 들지도 모른다. 필자도 책을 읽고 그런 기분이 드는 경험을 많이 했지만 그래도 알려주어도 된다. 똑같은 책을 읽는다고 누구나 당신 같이 가치를 파악하지는 못한다. 당신이라면 충분히 가치를 활용할 수 있겠지만 그 확률은 많아야 10%다. 바로 여러분이 원하는 돈 걱정 없는 행복한 부자가 될 확률과 비슷하다.

⌐ 추천 성공투자 도서 ❽ ├

도끼처럼 당신의 뇌를 파고드는 박웅현의 '책은 도끼다'

불확실성의 미래를 가장 잘 대비하는 것은
투자이고 돈을 중시하는 것이다

1997년 11월 한국은 외환위기를 맞았다. 그때 우리는 사실 외환 때문에 왜, 하는 마음이 있었지만 국가부도를 맞은 우리 현실은 실로 처절했다. 2001년 9월 11일, 이른바 9.11테러로 인해 세계의 중심인 뉴욕의 110층짜리 쌍둥이 빌딩에 비행기가 꽂히고 무너지는 그 광경과 아비규환의 그 모습을 생생하게 기억할 것이다. 그로 인해 얼마나 많은 사람들이 죽었는지 우리는 잘 안다. 그러나 한국의 IMF 같은 경제적 위기는 따지고 보면 그로 인해 얼마나 많은 사람들을 죽음으로 내몰고, 얼마나 많은 가정이 파탄이 나고, 얼마나 많은 사람들이 오랜 기간 상처를 안고 살아야 했는지 실감을 하지 못한다. 좁혀 말하면 살인을 저지른 사람은 살인죄라는 흉악범으로 지탄을 받고 사형도 당하지만 죄목이 경제사범인 경우에는 그 결과 아무리 많은 사람이 죽어도 본인도 죄의식을 크게 갖지 않을뿐더러 사람들도 매우 관대해지고 쉽게 망각한다. 그런데 이런 경제적 위기를 겪는 국민 한 사람 한 사람은 실로 죽기보다 싫을 정도로 삶은 한순간에 피폐해진다.

그런데 IMF 국가부도 사태는 누가 만들었는가. 우리의 조국 한국 정부가 만들었다. 그러나 책임은 누가 떠안았는가. 정부는 아무 책임도 지지 않고 국민이 그 책임을 전부 떠안았다. 우리는 잘 이해도 안 되는 외환이 정부에 없다고 지금껏 흑자를 내며 잘 운영되었던 회사가 하루아침에 망하고 잘 다니던 직장을 잃었다. 단란했던 가족들도 덩달아 하루아침에 추운 거리로 내몰렸고 아이들은 영문도 모른 채 행복한 삶을 송두리째 빼앗겼다. 세월이 흘러 20년이 지난 지금도 지독히 아물지 않은 깊은 상처로 남았다. 현실이 그럼에도 불구하고 정부는 아무런 책임을 지지 않았다. 사과는 책임이 아니다. 내 가정이 풍비박산 난 다음에 누구에게 하는 건지도 모르는 사과 듣는다고 개인의 현실은 아무것도 달라지는 것이 없다. 기껏해야 다른 당의 대통령이 뽑혀 국가인수위원회를 꾸려 국가경영을 인수받는 정도다.

국가경영! 개별 가정도 그렇지만 자본주의 사회에서 경영은 경제적인 것이 가장 크다. 정부는 나름 최선을 다해 경영을 하고 경제정책,

부동산정책을 펴지만 얼마든지 실패하고 경제위기까지 불러올 수 있다. 자본주의 사회에서 경제위기는 필연적이긴 하지만 정부가 너무 정치에 빠지고 기업이 너무 탐욕에 빠지면 위기가 올 확률은 매우 높아진다. 개인의 잘못은 개인이 지면 되는 데 국가가 잘못하는 이 리스크는 도대체 누가 질 것인가. 자본주의 경제를 오래 겪지 않은 한국 정부에서 국가를 인수한 몇몇 경제전문가가 너무 잘 안다는 자만에 빠질 정도로 세계경제는 그렇게 단순하지가 않다. 정치는 생물이라면서 경제는 왜 그렇게 간단히 보는지 알 수 없는 노릇이지만 어쨌든 그러므로 정부에 의해서 우리는 언제든 또 IMF와 같은 위기를 맞을 수 있다. 지금도 정부에 의해서 우리 경제가 위기가 올 수 있고 우리 가정이 파탄이 날 수도 있다는 것을 인식하는 것이 무엇보다 중요하다. 내 가정은 내가 지켜야 한다. 내 가정은 국가가 지켜주지 않는다는 말이다. 슬프지만 아직은 한국의 현실이다. 지켜주기는커녕 IMF위기 때처럼 국가가 소중한 우리 가정을 거리로 내몰지도 모른다. 미래경제는 이런 국가경제를 포함해 불확실성의 시대다. 경제학의 아버지 격인 케인즈도 경제를 불확실성으로 보았다. 그리고 이 불확실성에 가장 잘 대비할 수 있는 것은 투자이고 돈을 중시하는 것이라 했음은 너무도 시사하는 바가 크다.

에필로그

우린 옛날부터 돈을 너무 밝히는 것은 나쁘다고 교육을 받아왔다. 아니다, 돈을 밝혀야 한다. 돈을 밝히지 않으면 경제에 어두울 수밖에 없기 때문이다. 돈은 우리 삶에서 끊을래야 끊을 수 없는 것이다. 이것은 누구도 부인 못할 사실이다. 밥을 먹고, 옷을 사 입고, 잠을 잘 집을 사기 위해서는 돈은 필수적으로 필요하다. 먹고 사는 것이 해결되지 않고 자유와 행복을 논할 수 있는가. 의식주를 해결하지 않고 사랑을 논할 수 있는가. 그런데 우리 삶에 이렇게 소중한 돈을 버는 것이 얼마나 중요한 일인지를 우린 학교에서도 가정에서도 배우지 못한 채 험난한 생존의 세계인 돈의 세계에 던져진다. 지금 우리 현실이 그렇다. 이것은 무엇인가 잘못되었다. 학교에서 배우는 국어, 수학, 영어 이상으로 가정에서 배우는 정직, 성실 이상으로 자본주의 경제의 근간인 돈을 밝혀 이해하는 것, 투자를 아는 것이 여러분의 성공투자, 성공인생, 부로 가는 지름길임을 필자는 확신한다. 그래서 꿈을 찾는 학생들이 이런 책을 좀 더 가까이 했으면 좋겠다는 바람이 있다.

우린 행복하려고 가정을 가지고 일을 한다. 기본적으로 먹고 사는 것이 행복의 필요조건이지만 충분조건은 아니다. 돈도 부자만큼은 아니라도 자유로움을 느낄 정도는 가지고 마음에 영양을 공급하는 마음의 양식을 잘 먹는 것이 행복의 충분조건이다. 오랫동안 일본 소득세 납세 랭킹 1위였던 '긴자 마루칸'의 사이토 히토리 대표는 마음의 영양은 바로 배움이라고 말했다. 이분의 말씀처럼 배움이 마음의 영양이고 이것이 행복의 충분조건이라면 행복은 우리 주변에 한없이 늘려 있는 셈이다. 오늘부터 하나하나 배우면 된다. 여러분도 많이 배워서 빨리 행복해지길 바란다. 끝으로 정찬주 작가의 책 〈길 끝나는 곳에 길이 있다〉에 나오는 한 구절을 인용하며 인사를 드릴까 한다.

'화목난로에 불을 붙이는데 가장 중요한 것은 땔감이 아니라 불쏘시개다. 불쏘시개가 있어야만 장작에 불이 붙는다. 내 하는 일도 누군가의 불쏘시개가 되었으면 하는 바람이다. 내 글 한 줄이 누군가의 인생에 활활 불을 지펴주는 불쏘시개가 되었으면 좋겠다.'

독자 여러분 모두 성공투자하여 행복한 부자, 해피리치가 되길 바란다.

마지막으로 이 책이 나오기까지 아이디어와 어드바이스를 끊임없이 제공하고 물심양면으로 지원도 아끼지 않았던 해피리치와 아카데미 멤버들, 그리고 이 책을 기꺼이 맡아 세상에 내어준 이코노믹북스 유창언님에게 감사드린다. 그리고 제가 가르칠 수 있도록 학문의 깊이를 더해주시고 좋은 추천의 글도 보내 주신 서울 건국대 부동산대학원의 손재영 지도교수님, 부산 동의대 부동산대학원의 강정규 지도교수님에게 감사를 전합니다. 끝으로 사랑하는 나의 가족 윤주, 세본이, 세원이에게 이 책을 바친다.

-유난히 무더웠던 2018년

여름이 지나고 가을이 오는 9월 어느 날에…

부^富의 그릇을 키워라

부자들은 아는 부동산 투자철학

초판 1쇄 인쇄 | 2018년 10월 05일
초판 1쇄 발행 | 2018년 10월 15일

지은이 | 김영식
펴낸이 | 최화숙
편집인 | 유창언
펴낸곳 | 이코노믹북스

등록번호 | 제1994-000059호
출판등록 | 1994. 06. 09

주소 | 서울시 마포구 월드컵로8길 72, 3층-301호(서교동)
전화 | 02)335-7353~4
팩스 | 02)325-4305
이메일 | pub95@hanmail.net/pub95@naver.com
ⓒ 김영식 2018
ISBN 978-89-5775-190-9 03220
값 18,000원